Adrian Seeger
Ralf Paul Jung
Bernd Hauk Hg.

Wachstum

Adrian Seeger
Ralf Paul Jung
Bernd Hauk Hg.

Wachstum

7 effektive Strategien

IM F.A.Z.-INSTITUT

Bibliografische Informationen Der Deutschen Bibliothek –
Die Deutsche Bibliothek verzeichnet diese Publikation in der
Deutschen Nationalbibliografie; detaillierte bibliografische
Daten sind im Internet über http://dnb.ddb.de abrufbar.

Adrian Seeger / Ralf Paul Jung / Bernd Hauk Hg.

Wachstum

7 effektive Strategien

F.A.Z.-Institut für Management-,
Markt- und Medieninformationen,
Frankfurt am Main 2004

ISBN 3-89981-037-6

Frankfurter Allgemeine Buch
IM F.A.Z.-INSTITUT

Copyright	F.A.Z.-Institut für Management-, Markt- und Medieninformationen GmbH Mainzer Landstraße 199 60326 Frankfurt am Main
Umschlaggestaltung	Rodolfo Fischer Lückert
Satz Innen	Ernst Bernsmann
Druck	Druckerei Steinmeier, Nördlingen
Bindung	Oldenbourg Buchmanufaktur, Monheim

Alle Rechte, auch des auszugsweisen
Nachdrucks, vorbehalten.

Printed in Germany

Inhalt

Vorwort	7
Wachstum im weltweiten Wettbewerb Hildegard Müller	9

I Grundlagen

Strategien für mehr Wachstum Adrian Seeger / Ralf Paul Jung	13
Organisation des Wachstums Hans Georg Härter / Wilfried Budke	25

II 7 effektive Strategien

Wachstum durch Produktinnovation Rolf Bulander / Ralf Paul Jung	41
Wachstum durch Diversifikation Ingo Kufferath / Harald Göbl	51
Wachstum durch Supply Navigation Axel Kiepen / Adrian Seeger	61
Wachstum durch effiziente Logistik E.-Hermann Krog / Andrea Lochmahr / Wilfried Budke / Lothar Schneid	73
Wachstum durch Serviceoffensive Karl Erhardt / Christoph A. Grieser	85
Wachstum durch Outsourcing Susanne Theißen / Adrian Seeger	109
Wachstum durch Auslandsverlagerung Valentin Knott / Egbert Hartmann / Oliver Göbl	119

Literatur	131
Die Herausgeber / Die Autoren	133
intra-Unternehmensberatung	139

Vorwort

Wachstumsunternehmen zeichnen sich dadurch aus, dass sie positives Umsatzwachstum mit positivem Gewinnwachstum realisieren. Die Strategien, die dieser Entwicklung zu Grunde liegen, sind unterschiedlich. Beginnend bei Maßnahmen zur Kostensenkung über die Neupositionierung des Kerngeschäfts bis zum Ausbau neuer Geschäftsfelder wird eine große Bandbreite an Optionen verwirklicht. Eines ist jedoch allen gemeinsam: Nachhaltiges Wachstum entsteht erst dann, wenn die getroffene Strategie ständig infrage gestellt und angepasst wird, um dauerhaft im Wettbewerb zu bestehen.

Unternehmen, die gewachsen sind, haben gelernt: Wachstum ist kein mechanischer Prozess, der unabhängig von den handelnden Personen planbar ist. Wachstum beruht auf Innovationen, auf der Bereitschaft, Risiken und Chancen einzugehen, auf Fähigkeiten, diese zu nutzen, und auf der Freiheit des Einzelnen, Verantwortung zu übernehmen. Dabei verpflichtet sich das Management zu kontinuierlichem Wachstum und verknüpft dabei anspruchsvolle Ziele mit attraktiven Werten, ohne scheinbare Grenzen der Industrien zu akzeptieren.

„Wachstum" greift Elemente verschiedener Wachstumsstrategien auf und zeigt anschaulich, wie Unternehmen diese entwickeln und realisieren. Die einzelnen Beiträge sind aus der gemeinsamen Arbeit der intra-Unternehmensberatung GmbH mit ihren Kunden entstanden.

Unserer aufrichtiger Dank gilt allen Beteiligten des Entstehungsprozesses dieses Buches, die – auch wenn sie nicht als Autor genannt sind – einen wertvollen Beitrag zur Entstehung geleistet haben. Wir danken für viele fruchtbare Diskussionen, oft bis weit in den Abend. Unseren Familien und Partnerinnen danken wir für diese Freiräume. Ein besonderer Dank gilt Frau Sandra Hessing, die für die grafische Gestaltung der Abbildungen verantwortlich ist und alle Anpassungen und Änderungswünsche mit Engagement, Geduld und Hilfsbereitschaft umgesetzt hat.

Adrian Seeger
Ralf Paul Jung
Bernd Hauk   Düsseldorf, im Oktober 2004

Wachstum im weltweiten Wettbewerb

Hildegard Müller

Unsere soziale Marktwirtschaft ist heute mehr denn je in die Weltwirtschaft eingebunden. Seit den frühen achtziger Jahren wurde die Arbeitsteilung zu einer der stärksten Antriebskräfte weltweiten Wachstums. Heute hat der Wettbewerb der Standorte an Intensität gewonnen. Produkte und Technologien konkurrieren heute nicht mehr nur auf den heimischen Märkten, sondern müssen sich der internationalen Konkurrenz stellen.

Trotz dieser globalen Wettbewerbssituation ist und bleibt ökonomisches Wachstum das vorrangige Ziel der Wirtschaftspolitik. Nicht zuletzt das Stabilitäts- und Wachstumsgesetz von 1967 verpflichtet Bund und Länder in Deutschland bis heute dazu, ihren Beitrag zu stetigem Wachstum zu erbringen. Angestrebt wird ein angemessenes und stetiges Wachstum der gesamtwirtschaftlichen Güter- und Dienstleistungsproduktion. Eine quantitative und qualitative Ausweitung der Güterversorgung ist eine wesentliche Voraussetzung dafür, dass der Wohlstand und damit die materielle Freiheit des Einzelnen erhöht und kollektive Bedürfnisse befriedigt werden können. Nur durch mehr Wachstum können wir die schleichende Erosion der Fundamente unseres Wohlstandes stoppen und umkehren. Ohne Wachstum hat Deutschland keine Zukunft.

Deutschland befindet sich aktuell nicht mehr an der Spitze, sondern am Ende der Wachstumsliga in Europa. Andere entwickelte Volkswirtschaften machen weit mehr aus ihren Möglichkeiten. Gerade vor dem Hintergrund einer positiven Korrelation zwischen Wirtschaftswachstum und Beschäftigungsgrad ist dies jedoch eine alarmierende Feststellung. In Deutschland führt Wachstum derzeit erst ab einer Größenordnung von etwa 2 Prozent zu mehr Beschäftigung. Diese Schwelle muss sinken, wenn unser Land einen deutlichen Wachstumsschub erhalten soll. Umso mehr begrüße ich deshalb die Idee, sich eingehender mit dem Thema Wachstum zu beschäftigen.

Zwar kann mehr Wachstum nicht mehr durch eine eindimensionale Strategie erzielt werden. Für mich liegt der Schlüssel hierzu jedoch im Wettbewerb. Er ist zugleich die Grundlage der Sozialen Marktwirtschaft. Er ist das Mittel zur optimalen Lösung wirtschaftlicher, gesellschaftlicher und wissenschaftlicher Aufgaben und darüber hinaus zur Leistungssteigerung. Durch den Wettbewerb am Markt, durch seine zentralen Lenkungs- und Ordnungselemente entstehen Anreize, neue Wege einzuschlagen und auftretende Probleme zu lösen.

Wahrscheinlich würde kein Ökonom einen Zusammenhang zwischen Wettbewerbspolitik, Wachstum und Arbeitsplätzen ablehnen. Eine offensive Wettbewerbspolitik löst nicht nur die Rigidität des Arbeitsmarktes, sondern stärkt auch die Wettbewerbsfähigkeit der Unternehmen. Ebenso wichtig ist es jedoch, die Dynamik des Wettbewerbs und damit der Märkte insgesamt zu stärken. Wenn dies gelingt, wird es möglich sein, neues Wachstum zu generieren.

I

Grundlagen

Strategien für mehr Wachstum

Adrian Seeger / Ralf Paul Jung

Rahmenbedingungen

Als Wachstum bezeichnet man den zeitlichen Anstieg einer bestimmten Messgröße, wie beispielsweise die Zunahme einer Anzahl, eines Gegenstandes oder eines Prozentsatzes. Eine sehr bedeutende Größe ist die Veränderungsrate des Bruttoinlandsproduktes (BIP) als Indikator für die relative Änderung der Wirtschaftskraft einer Volkswirtschaft – sie ist das Synonym für Wirtschaftswachstum.

Bei der Analyse dieser Veränderungsrate in den verschiedenen Volkswirtschaften fällt jedoch auf, dass hier ausgeprägte Unterschiede bestehen. So betrug im Jahr 2003 die Wachstumsrate des BIP in China über 9 Prozent, in den USA knapp 5 Prozent und in der Bundesrepublik Deutschland 0 Prozent. Für das Jahr 2005 prognostizieren führende Institute Wachstumsraten in China von 7,5 Prozent, in den USA von circa 3 Prozent und in der Bundesrepublik knapp 1,5 Prozent. Aber warum fallen diese Entwicklungen so weit auseinander? Ein Grund hierfür ist der zugrunde liegende Ordnungsrahmen, der das Zusammenspiel der Wirtschaftssubjekte und damit das Ergebnis bestimmt, indem er festlegt, welche Faktoren eingesetzt werden und wie das erwirtschaftete Ergebnis verteilt wird. Der Ordnungsrahmen begründet gegenseitige Abhängigkeitsverhältnisse, wodurch „Wirtschaften" zu einer gesellschaftlichen Veranstaltung erhoben wird, die den Einflüssen und Ausprägungen gesellschaftlicher Teilsysteme unterliegt. Drei Teilsysteme lassen sich unterscheiden:

- Das *kulturelle System* bestimmt diejenigen Handlungen, die auf die Befriedigung seelischer, geistiger und sittlich-moralischer Bedürfnisse zielen. Es ist durch Institutionen, Traditionen und die Geschichte determiniert und evolutionär. Das kulturelle System bestimmt das Ethos und die moralischen Prinzipien der Menschen: das Normen- und Wertesystem.

- Das *politische System* beschützt die Bedürfnisbefriedigung durch die Androhung oder Anwendung von physischer Stärke und legitimer Gewalt. Das politische System manifestiert sich durch die staatliche Rechtsordnung.

- Das *ökonomische System* stellt die Gesamtheit von rechtlich-institutionellen Regelungen dar, die das Wirtschaften beeinflussen. Zentrale Prinzipien des ökonomischen Systems sind die Ausgestaltung seiner Ordnungselemente Eigentums- und Planungssystem. Sie werden vervollständigt durch das Informations-, Koordinations-, Kontroll-, Verfügungs- und Motivationssystem als supplementäre Faktoren.

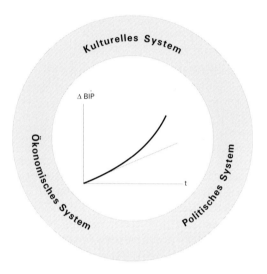

Abbildung 1: Rahmenbedingungen des Wachstums

Die Teilsysteme unterliegen verschiedenen gegenseitigen Interdependenzen. Kultur beispielsweise wird häufig dann zum Mittelpunkt menschlichen Handelns, wenn politische und materielle Probleme entstehen. Regelmäßig wird Kultur dazu missbraucht, den Auf- und Ausbau sowie die Sicherung von Machtverhältnissen zu gewährleisten. Die Politik beeinflusst die anderen Teilsysteme noch gravierender: So werden Demokratien gewöhnlich mit Wirtschaftssystemen dezentraler Planung kombiniert; Diktaturen bauen plangeleitete Wirtschaftssysteme auf, die zentral geführt sind und auf operativer Ebene wenig Entscheidungsspielraum geben. Die Interaktion von Politik und Wirtschaft hat zeitweise zur Folge, dass hin und wieder das ökonomische Prinzip ausgehebelt wird – ungeachtet der Rahmenbedingungen wurde beispielsweise das Dosenpfand eingeführt, was gravierende Konsequenzen für die gesamte Wertschöpfungskette erzeugte. Ob sich das politische System ändern lässt, hängt hauptsächlich vom Wertesystem der Gesellschaft – dem kulturellen System – ab.

Die Ausgestaltung der gesellschaftlichen Teilsysteme bestimmen die Eigenarten des Wirtschaftssystems und damit seine Wachstumschancen. Es sind autonome oder heteronome Systeme zu differenzieren:

- Autonome Systeme – auch als (kapitalistische) marktwirtschaftliche Systeme bezeichnet – sind durch dezentrale Planung und Privateigentum gekennzeichnet. Sie haben bis heute stabil positive Wachstumsraten hervorgebracht und sich im Gesellschaftssystem etabliert. Der Hintergrund für diese Entwicklung fußt auf einem Modell des Nobelpreisträgers Robert Solow. 1956 postulierte er die These, dass dauerhaftes Wirtschaftswachstum nur durch das Wachstum der Arbeitsproduktivität möglich ist, das heißt, Wachstum wird langfristig durch das Tempo des technischen Fortschritts bestimmt. Demnach ist Wachstumspolitik dann erfolgreich, wenn sie den technischen Fortschritt beschleunigt. Diese Wachstumspolitik verfolgen nahezu alle westlich orientierten Länder: Die Innovationsoffensive der deutschen Bundesregierung, Sonderentwicklungszonen für die Hightech-Industrie – das Silicon Valley – oder die gezielte Förderung der Genforschung in England belegen den Glauben an Wachstum durch Innovation.

- Heteronome Systeme – auch als planwirtschaftliche Systeme bezeichnet – sind durch zentrale Planung und Gemeineigentum gekennzeichnet. Sie basieren auf den Ideologien von Karl Marx und wurden erstmals ab 1924 unter Stalin als Versuch einer bewussten Neuorganisation des Wirtschaftskreislaufs in der UdSSR umgesetzt und später in vielen osteuropäischen, asiatischen und afrikanischen Ländern übernommen. Wachstum sollte hier durch Planung erzeugt werden. Mit dem Beginn der Perestroika Mitte der achtziger Jahre sind diese Systeme gescheitert. Als zentraler Grund galt das Fehlen von persönlichen Leistungsanreizen, kombiniert mit dem sozialistischen Gleichheitspostulat. Die Folge war Leistungszurückhaltung und geringe Arbeitsproduktivität. Wachstum wurde im Keim erstickt.

- Daneben existieren Mischformen, wie beispielsweise die sozialistische Marktwirtschaft, mit dezentraler Planung und Gemeineigentum. Dieses System wurde in den siebziger Jahren als Weiterentwicklung planwirtschaftlicher Systeme beispielsweise in China implementiert. Grundsätzlich zeigt die Empirie jedoch, dass diese Mischform instabil ist, da sie Wettbewerb durch Rahmenpläne reglementiert. Hohe Schwankungen der Wachstumsraten sind die Konsequenz, der Aufbau einer nachhaltig soliden Basis ist kritisch. Dieser „dritte Weg" wird gemeinhin als der schnellste Weg in die „Dritte Welt" verstanden und ist für stabiles Wirtschaftswachstum kritisch.

Wachstum bedingt demnach die Freiheit, persönliche Leistungsanreize zur Geltung kommen zu lassen. Es ist gesamtwirtschaftlich nicht planbar und folgt keiner Wunschliste von Regierungen. Wachstum ist ein evolutionärer Prozess, der auf den Ideen, Einsichten, Empfindungen, Versuchen und Aktionen der Menschen beruht. Damit ist der Ordnungsrahmen – das autonome System Kapitalismus – festgelegt, um nachhaltiges, unbedingtes Wachstum zu ermöglichen. Dieses System setzt sich in immer mehr Ländern durch und zeigt eine bemerkenswert hohe Anpassungsfähigkeit an Probleme aller Art, wie auch die aktuelle Diskussion um die Finanzierung der Auswirkungen der demographischen Entwicklung in Deutschland zeigt.

In reiner Form existiert dieses System nicht, da es einen negativen Einfluss auf den Lebensstandard der Menschen haben kann, wenn beispielsweise Umwelt und Natur zu Lasten des Wachstums beeinträchtigt werden oder keine Möglichkeiten bestehen, auf natürliche Katastrophen zu reagieren. Deshalb wurde seit den fünfziger Jahren in kapitalistischen Systemen eine soziale Komponente ergänzt. Das von Ludwig Erhard mitbegründete Konzept der „sozialen Marktwirtschaft" – der so genannte „rheinische Kapitalismus" – setzt das Instrument der Umverteilung ein, indem zum Beispiel durch Steuerprogression oder Sozialversicherungssysteme der Staat einen Teil der für alle wichtigen, aber nicht Gewinn bringenden Aufgaben, wie Infrastruktur, Bildung und Sicherheit, übernimmt. Hiermit wird der Aktionsrahmen für Unternehmen begrenzt, um Wachstumschancen wahrzunehmen. Als oft genannte Beispiele zur Einschränkung unternehmerischer Entscheidungsfreiheit gelten die betriebliche Arbeitnehmermitbestimmung oder der Kündigungsschutz. Ein solches System ist nicht ausnahmslos wachstumsorientiert, da es sozialen Restriktionen unterliegt. Werden die sozialen Anforderungen, beispielsweise durch demographische Entwicklungen, größer, neigt das System dazu, seinen ursprünglichen Freiheitsgrad zu verkleinern, indem die Belastungen auf alle Beteiligten des Systems stetig steigen. Dies zeigt sich in besonders hohen Steuersätzen und Abgaben für die Sozialversicherung für Unternehmen und Arbeitnehmer: Im europäischen Vergleich liegt Deutschland mit seiner Abgabenquote an Platz zwei. Der Spielraum für Wachstum wird somit kleiner und veranlasst Unternehmen, Ausweichstrategien umzusetzen. Praktisch wird dies an sektoralem Wachstum erkennbar. In denjenigen Branchen, die entweder

1. einer (global) starken Nachfrage ausgesetzt sind und nur in geringem Umfang von Kostensenkungsmaßnahmen betroffen sind oder

2. durch Strukturwandel begünstigt werden,

sind hohe Wachstumsraten erkennbar.

Beispiele für starke Nachfragesprünge finden sich insbesondere in der Elektronikindustrie durch Innovationssprünge im Bereich der Chipherstellung. Wachstum durch Strukturwandel haben beispielsweise diejenigen Unternehmen erfahren, die durch die Liberalisierung von Märkten neue Absatzgebiete erschließen konnten. Die Entwicklung in den Energiemärkten zeigte dies deutlich. Der Anteil dieser Branchen am Bruttoinlandsprodukt ist jedoch zu klein, um gesamtwirtschaftliches Wachstum zu erzeugen. Gefragt sind daher Strategien, die dies unter den gegebenen Rahmenbedingungen erreichen.

Erfolgsfaktoren

Auch wenn die Rahmenbedingungen im Jahr 2004 in Deutschland nicht zu flächendeckendem Unternehmenswachstum führen, gelingt es einigen Unternehmen, stärker zu wachsen, während andere unter denselben Randbedingungen weniger Erfolg haben. Wachstum ist also Ergebnis von Wettbewerbsverhalten. Ein Unternehmen, das wachsen will, muss sich komparative Wettbewerbsvorteile erarbeiten. Wesentliche Treiber des

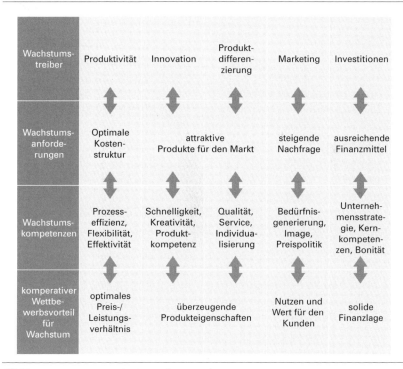

Abbildung 2: Determinanten des Unternehmenswachstums

Wachstums entstehen durch die Erfüllung der kritischen Wachstumsanforderungen der Märkte. Dazu kann das Unternehmen, das wachsen will, spezifische Kompetenzen forcieren (siehe Abbildung 2).

Die wesentlichen Wettbewerbsvorteile für Wachstum können in vier Dimensionen erarbeitet werden: den Eigenschaften des Produkts oder der Dienstleistung, dem Preis-Leistungs-Verhältnis, dem Nutzen und Wert für den Kunden sowie der Finanzlage.

Zur Finanzierung des Wachstums werden ausreichende finanzielle Mittel benötigt. Die strategische Aufgabe ist dabei die zielführende Mittelallokation. Es sollte in die Produkt-Markt-Kombinationen, in denen für Wachstum hinreichende Wettbewerbsvorteile darstellbar sind, bevorzugt investiert werden. Dazu ist es erforderlich, die zur Bedienung dieser Produkt-Markt-Kombinationen benötigten Unternehmensprozesse kritisch darauf zu hinterfragen, wo die Kernkompetenzen des Unternehmens liegen und wodurch sie erkennbar sind. Kompetenzen, die am Markt frei verfügbar sind, sind bei der Zuteilung von Finanzmitteln zweitrangig, da kein nachhaltiger Wettbewerbsvorteil erzielt werden kann. Mittels der eigenen Kernkompetenzen müssen attraktive Produkte für den Markt entwickelt oder hergestellt werden. Wachstumstreiber sind hierbei vor allem Innovation und Produktdifferenzierung. In beiden Fällen führen überlegene Produkteigenschaften zu einem Wettbewerbsvorteil.

Für den Wachstumstreiber Innovation liegt der Ansatzpunkt bei Produkten oder Dienstleistungen, die der Wettbewerb nicht oder zumindest aktuell nicht imitieren kann. Die Kompetenzen, die das durch Innovation wachsende Unternehmen verstärkt entwickelt hat, sind Schnelligkeit, Kreativität und Produktkompetenz.

Schnelligkeit bedeutet dabei die Reduzierung der Zeit von der Idee bis zum marktfertigen Produkt. Dazu gehört ein einfacher Geschäftsprozess, der sich auf die zielorientierten Schritte konzentriert und weitgehend auf nicht zielführende Aktivitäten verzichtet, wie zu viele Bearbeitungsstufen oder Kontrollschleifen, zahllose Hierarchieebenen und zu lange Wartezeiten für Entscheidungen.

Kreativität ist die Fähigkeit, aus Bekanntem Neues entstehen zu lassen. Kreativität verkümmert in sorgfältig formulierten engen Kästchen einer tayloristischen Stellenbeschreibung. Unternehmen, die Kreativität fördern, geben ihren Mitarbeitern Leitbilder, Ziele und die zur Verwirklichung erforderlichen Freiräume an Zeit und finanziellen Mitteln.

Produktkompetenz besteht in der Fähigkeit, aus einer Idee ein Produkt mit überlegenen Eigenschaften zu entwickeln, die dem Kunden zusätzlichen Nutzen bringen. Produktkompetenz umfasst immer auch den

Weg zum Produkt, das heißt, Kompetenz in den Kern- und Schlüsselprozessen. Produktkompetenz in der Kombination mit innovativen Produkten kann den Hersteller dauerhaft im Bewusstsein der Kunden verankern. Beispiele dafür gibt es vom Zellstofftaschentuch („Tempo-Taschentücher") über den gelben, selbstklebenden Merkzettel („3M post it") bis zum Schraubenschlüssel (Innensechskantschlüssel der Firma Bauer und Schaurte, kurz „Inbus").

Für den Wachstumstreiber Produktdifferenzierung liegt der Schwerpunkt auf der Weiterentwicklung von Produkteigenschaften zum Erschließen neuer Anwendungsfälle, dem Generieren von zusätzlichem Kundennutzen und damit einer Markterweiterung. Der Produktbegriff wird dabei häufig ebenfalls erweitert. Anstelle eines im Wettbewerb auswechselbaren physischen Produkts werden Problemlösungen, Service und Beratungsleistungen, die das physische Produkt einschließen, verkauft. Die Kundenerwartungen bezüglich der Qualität der Produkte und Prozesse zu erfüllen, ist eine notwendige, aber keine hinreichende Voraussetzung für Wachstum. Die Nähe zum Kunden ermöglicht es, spezifische Bedürfnisse zu erkennen und die eigenen Produkte und Dienstleistungen so zu individualisieren, dass im Rahmen der vorhandenen Standards kundenindividuelle Lösungen möglich werden. Ein solcher Ansatz setzt ein hohes Maß an Standardisierung für Produkte und Geschäftsprozesse voraus, wenn er profitabel sein soll.

Ein wesentlicher Treiber für profitables Wachstum ist die Produktivität. Sie ermöglicht eine optimale Kostenstruktur. Zur Steigerung der Produktivität sind die Kompetenzen Prozesseffizienz, Flexibilität und Effektivität weiter zu entwickeln. Die Effizienz eines Prozesses kann beschrieben werden als das Verhältnis aus Summe der Bearbeitungszeiten der einzelnen Prozessschritte zur gesamten Durchlaufzeit, die der Prozess in Anspruch nimmt. Nehmen wir die Erteilung einer Investitionsfreigabe als Beispiel: Vier Personen prüfen und kommentieren nacheinander den Vorgang und reichen die ergänzte Akte weiter. Jeder beschäftigt sich 30 Minuten mit der Sache. Am Ende wird von der Unternehmensleitung in fünf Minuten entschieden. Die Gesamtdurchlaufzeit vom Einreichen des Investitionsantrags bis zur Entscheidung beträgt acht Wochen. Die Effizienz dieses Prozesses liegt, eine 35-Stunden-Woche angenommen, bei 0,7 Prozent (125 Minuten von 16.800 Minuten). Auch bei Fertigungsprozessen finden wir oft kaum höhere Werte, wenn wir die reine Bearbeitungszeit eines Produkts ins Verhältnis setzen zur gesamten Durchlaufzeit vom Wareneingang bis zum Versand. Die Prozesseffizienz kann gesteigert werden, wenn man die Anzahl der Prozessbeteiligten reduziert, Prozessschritte zusammenfasst und nicht wertschöpfende Schritte weglässt. Der Produktivitätsvorteil effizienter Prozesse liegt in der weitgehenden Vermeidung indirekter, nicht wertschöpfender Tätigkeiten.

Die optimale Auswahl der zielführenden, wertschöpfenden Prozessschritte und deren professionelle Anwendung spiegelt sich in der Effektivität der Prozesse wieder. Produktivität entsteht durch überlegene Prozesse und perfekte Prozessbeherrschung. Schlüssel zum Erfolg ist die konsequent systematische Reduzierung von Abweichungen. Prozesse werden dabei als Regelkreise installiert. Liefert jeder Prozess geregelt sein Soll-Ergebnis, entsteht Qualität bei Produkten und Dienstleistungen ganz selbstverständlich.

Flexibilität ist die Fähigkeit, schnell und ohne zusätzlichen Aufwand auf Veränderungen reagieren zu können. Eine Produktion in Losgröße 1 mit den Skalenvorteilen einer Massenproduktion zu nutzen, setzt modularisierte Produkte voraus. Hierbei wird die Individualisierung durch Kombinatorik oder eine spät in die Wertschöpfungskette eingehende Differenzierung erreicht. In gleicher Weise können Prozesse standardisiert und modularisiert werden. Ein standardisierter Prozess liefert unterschiedliche Produkte durch eine Veränderung diskreter Prozessparameter. Modularisierung heißt insbesondere, Schnittstellen standardisiert zu definieren, sodass Prozessschritte problemlos hinzugefügt oder weggelassen werden können oder beispielsweise eine Veränderung der Reihenfolge ohne aufwendige Anpassungen möglich ist.

All diese Kompetenzen in Markterfolg umzusetzen, ist Aufgabe des Wachstumstreibers Marketing. Wachstum entsteht aus steigender Nachfrage und ihrer profitablen Befriedigung. Bedürfnisse wecken oder generieren, die mit dem eigenen Angebot befriedigt werden, sowie ein Image am Markt aufbauen, das weitere Differenzierungsmerkmale als den Preis ermöglicht, gehört zu den Kompetenzen, die von Wachstumsunternehmen entwickelt werden.

Mit der Entwicklung von Wachstumskompetenzen erarbeitet sich ein Unternehmen komparative Wettbewerbsvorteile. Überzeugende Produkteigenschaften, ein optimales Preis-Leistungs-Verhältnis, überlegener Nutzen und Mehrwert für den Kunden schaffen die Voraussetzungen für profitables Wachstum. Dieses wiederum verbessert die Finanzlage. Eine solide Finanzlage ermöglicht weiteres Wachstum aus eigener Kraft.

Nur ein positives Ergebniswachstum erzeugt nachhaltig Umsatzwachstum, nicht umgekehrt (siehe Abbildung 3). Aus diesem Grunde sind Strategien zum Wachstum aus eigener Kraft langfristig im Durchschnitt wesentlich erfolgreicher als Strategien, die auf externes Wachstum durch in hohem Maße fremdfinanzierte Zukäufe von Umsatz setzen. Die

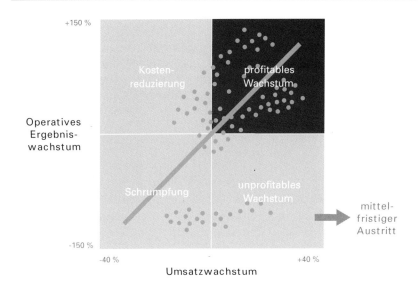

Abbildung 3: Nachhaltig wachsen

folgenden Ausführungen fokussieren daher das Wachstum aus eigener Kraft.

Realisierung

Wachstum unter schwierigen äußeren Bedingungen ist kein Zufall, sondern in der Regel Ergebnis konsequenter Umsetzung der in einem systematisch geplanten Prozess aufgebauten Wachstumskompetenzen in Markterfolg. Für das Unternehmen erfordert der Beginn eines Wachstumsprozesses das Investieren zusätzlicher Finanzmittel. Strategien für mehr Wachstum umzusetzen, bedingt, die Einflussfaktoren des Wachstums so zu justieren, dass Profitabilität entsteht, um Spielräume für neues Wachstum zu schaffen. Um das Risiko überschaubar zu halten, sind eine sorgfältige Planung der Wachstumsgeschwindigkeit und eine an dieser Planung orientierte Umwandlung von Aufwand in Investitionen sinnvoll. Dies kann zu Beginn des Wachstumsprozesses durch Kostensenkungs- und Effizienzsteigerungsprogramme ge-

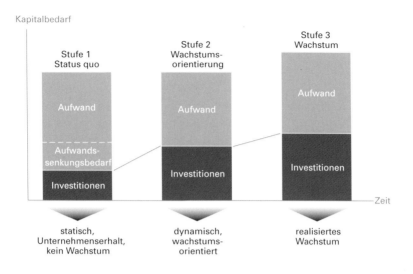

➡ Wachstum entsteht erst dann, wenn geringerer Aufwand bei gleichem Umsatz (= Verschlankung, Kostensenkung etc.) neue Spielräume für Investitionen gibt.

Abbildung 4: Über Wachstumsorientierung zum Wachstum

schehen, die zu einer Verbesserung des Ergebnisses führen. Entscheidend ist die Kraft zum Wachsen durch das verbesserte Ergebnis (siehe Abbildung 4).

Ergebnisverbesserung schafft Freiräume für Investitionen. Diese Investitionen sollen strategische Erfolgsfaktoren im Wettbewerb durch den gezielten Aufbau von Wachstumskompetenzen forcieren. Typische Wachstumstreiber sind hohe Produktivität, Innovationen, Produkte, die den Kundennutzen erhöhen, und ein Marketing, das im Stande ist, Nutzen in Nachfrage umzusetzen. Aber in welchem Geschäftsfeld soll das Unternehmen wachsen, mit welchen Kunden und mit welchen Produkten? Um diese Fragen sinnvoll beantworten zu können, wird eine Wachstumsstrategie erarbeitet. Diese setzt die Kenntnis der eigenen Kernkompetenzen unabdingbar voraus. Welche Fähigkeiten hat mein Unternehmen, die der Wettbewerb in den nächsten drei bis fünf Jahren nicht oder nur mit erheblichem Aufwand nachahmen kann? Welche strategischen Entscheidungen müssen heute getroffen werden, um diese Positionen weiter auszubauen und den Vorsprung zu vergrößern? Wie entwickeln sich Märkte? Was plant der Wettbewerb? Wachstum kann vor allem dort erreicht werden, wo Alleinstellungsmerkmale vorhanden sind. Dies bedeutet, im relevanten Marktsegment eine Führungsposition anzustreben.

Die Frage, welche Merkmale nachhaltige Differenzierungsmöglichkeiten gegenüber dem Wettbewerb liefern, ist also viel entscheidender als die Forcierung eines profitablen Geschäftsfelds ohne langfristige Überlegenheitsperspektive. Wachstum wird hierdurch zum Entscheidungsproblem zwischen der Bequemlichkeit des Stillstands und den unternehmerischen Chancen mit all ihren Möglichkeiten und Risiken. Eine Wachstumsstrategie liefert die Richtung. Für die Umsetzung ist der Unternehmer beziehungsweise das Management verantwortlich und entscheidend. Viele Wirtschaftswissenschaftler, angefangen bei Joseph Schumpeter, beurteilen die Qualität des Managements und seiner Entscheidungen als wesentlichen Einflussfaktor für unterschiedliche Wachstumsraten bei sonst gleichen Rahmenbedingungen.

Eine grundsätzliche Vorgehensweise zur Realisierung von Wachstum zeigt Abbildung 5. Die Wachstumsposition wird anhand der Dimensionen Produkte, Kunden/Lieferanten sowie potenzielle Anbieter/Wettbewerber analysiert und in Form von strategischen Wachstumsoptionen formuliert. Die Optionen werden zu einer Wachstumsstrategie in den Kategorien Finanzen, Kunden, Prozesse und Potenzial einer Balanced Scorecard des Wachstums weiterentwickelt und konkretisiert. Damit ist die Stoßrichtung für das Wachstum optimiert.

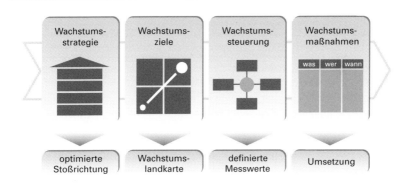

➡ Wachstumsstrategien brauchen eine gründliche Vorbereitung, eine klare Richtung und die richtigen Voraussetzungen, um nachhaltig wirksam zu sein.

Abbildung 5: Wachstumsstrategien realisieren

Die Ziele werden heruntergebrochen und die wesentlichen Schritte, die gegangen werden müssen, um diese Ziele zeitgerecht zu erreichen, werden in einer „Wachstumslandkarte" dargestellt. Elemente dieser Landkarte sind die Wachstumstreiber, die Wachstumskompetenzen und die Wachstumsanforderungen. Die einzelnen Größen sind priorisiert und mit konkreten, zeitlich klar gesteckten Teilzielen unterlegt. Das Kommunikationskonzept für alle Beteiligten wird definiert und umgesetzt. Jedes einzelne Teilziel wird mit Maßnahmen und Aktivitäten hinterlegt. Jede Aktivität ist einem Verantwortlichen eindeutig zugeordnet und hat einen vom Verantwortlichen zugesagten Endtermin. Es wird ein Steuerungssystem aufgebaut, das mittels einer einfachen Logik eine Verfolgung und Regelung des begonnen Prozesses ermöglicht: Die beschlossenen Maßnahmen werden konsequent realisiert. Die Zielerreichung und der Fortschritt werden zur Steuerung des Wachstums messbar gemacht. Definierte Messwerte, Soll-Ist-Vergleiche und Abweichungskorrekturen schaffen einen Regelkreis. Abweichungen werden schnell erkannt und Korrekturmaßnahmen eingeleitet. Das Management entscheidet schnell und konsequent. Auf diese Weise werden Ziele geregelt erreicht. Unternehmenswachstum ist somit das Ergebnis einer systematischen Vorgehensweise, eines klar geregelten Prozesses und zeitnah konsequent getroffener Entscheidungen.

Organisation des Wachstums

Hans Georg Härter / Wilfried Budke

Ausgangssituation
- Kontinuierliches Wachstum in den vergangenen Jahren
- Weiter steigender Bedarf nach Präsenz auf allen Weltmärkten
- Organisatorische Komplexität mit entsprechender Belastung des Managements

Angewendete Strategie
- Bildung von dezentralen, ergebnisverantwortlichen Bereichen mit klarer Produkt- und Marktzuordnung
- Sicherstellung der Realisierung von Synergieeffekten durch übergeordnete Querschnittsfunktionen

Ergebnis
- Aufbau der Grundlagen für ein weiteres werthaltiges Wachstum

Die Situation

Für die Automobil- und Automobilzulieferindustrie sind globales Denken und Handeln keine in der Zukunft liegenden Anforderungen, sondern bereits heute gelebte Realität. Alle großen Hersteller von Fahrzeugen und alle großen Zulieferer sind auf allen Märkten dieser Welt präsent. Die Präsenz umfasst nicht nur den Vertrieb der eigenen Produkte, sondern auch die Entwicklung und die Produktion sowie die globale Beschaffung von Teilen oder Modulen. Eine kontinuierliche Anpassung der eigenen Organisation an die sich weiterhin verändernden Rahmenbedingungen und eine „Internationalisierung" der eigenen Organisation sind daher eine zwingende Notwendigkeit. Diesem Schritt hat sich auch der Bereich Fahrwerk der ZF Sachs AG gestellt, um zukünftig weiter wachsen und seinen Beitrag zum Unternehmensergebnis bringen zu können.

Die ZF Sachs AG in Schweinfurt, seit 2001 eine 100-prozentige Tochter der ZF AG in Friedrichshafen, kann als global operierender Entwicklungs- und Systempartner der Automobilindustrie auf eine über hundertjährige, erfolgreiche und von stetigem Wachstum geprägte Firmengeschichte zurückblicken. Gegründet als „Schweinfurter Präcisions-Kugellagerwerke Fichtel & Sachs" beschäftigt die ZF Sachs AG heute weltweit rund 16.500 Mitarbeiter und produziert in 13 Ländern an 24 Standorten. Nahezu alle großen Automobilhersteller der Welt zählen zu ihren Kunden und Partnern. Produkte wie die legendäre „Torpedo-Nabe" oder die Sachs 2-Takt-Motoren haben die individuelle Mobilität ihrer Zeit entscheidend mitgeprägt und Weltruhm erlangt. Seit 1929 gehören Stoßdämpfer und Kupplungen zum Produktionsprogramm. Die Mercedes „Silberpfeile" erzielten ihre Erfolge mit Sachs-Dämpfern und Sachs-Kupplungen. Als Hightech-Zulieferer und Entwicklungspartner leistet ZF Sachs heute einen wichtigen Beitrag zum Erfolg der Scuderia Ferrari in der Formel 1.

Erfahrung, Kompetenz und Wissen sind die Grundlagen für das kontinuierliche Wachstum und den Erfolg von ZF Sachs. Dies gilt auch für den Geschäftsbereich Fahrwerk. Mit seinen marktgerecht und fahrzeugspezifisch entwickelten Produkten und Komponenten – zum Beispiel dem elektronisch geregelten Dämpfungssystem CDC sowie den Modulen zur Wankstabilisierung (ABC – „Active Body Control" in der Mercedes S-Klasse und ARS – „Active Roll Stabilisation" im 7er BMW) – ist der Geschäftsbereich weltweiter Innovations- und Marktführer. Die Markteinführung dieser Produkte erfolgte, wie bei den meisten innovativen Entwicklungen, zunächst über die oberen Fahrzeugklassen, in denen das System als vom Endkunden wählbare Option eingebaut wurde. Mit zunehmendem Bekanntheitsgrad wird die elektronisch geregelte Dämpfung aber immer stärker in der Mittelklasse nachgefragt und schließlich im neuen Opel Astra erstmalig in einem Fahrzeug der Kompaktklasse am Markt eingeführt. Mittlerweile gehen einige Automobilhersteller dazu über, dieses System als Serienausstattung anzubieten. Gleichzeitig nahm das Geschäftsvolumen mit Nutzfahrzeug- und Schienenfahrzeugdämpfern, bei denen die Anforderungen an das Dämpfungsverhalten bedingt durch die unterschiedlichen Fahrzeuggrößen, Fahrzeuggewichte und Einsatzbereiche äußerst vielfältig sind, weltweit zu.

Der Erfolg der Wachstumsstrategie durch Innovation zeigte sich auch im für die gesamte Zuliefererbranche schwierigen Jahr 2003, wo der GB-Fahrwerk-Umsatz trotz überwiegend schwacher Märkte um knapp 10 Prozent gesteigert werden konnte. In Summe wurde damit der Umsatz in den letzten fünf Jahren mehr als verdoppelt. Durch die erfolgreiche Realisierung dieser Wachstumsstrategie hatte aber auch die wirtschaftliche und organisatorische Dimension des Geschäftsbereichs deutlich zugenommen. Die bis 2002 gültige Organisationsstruktur mit einer starken Ausrichtung auf das Basisprodukt Dämpfer und den deutschen Stammsitz in Schweinfurt entsprach nicht mehr den aktuellen, wachstumsbedingten Anforderungen.

Neben der ausgeprägten Innovationsstärke zählt auch die früh begonnene und konsequent fortgesetzte Internationalisierung zu den wesentlichen Erfolgsfaktoren. Der Geschäftsbereich Fahrwerk verfügt heute über sechs Produktionsstandorte in Europa, sieben Werke in Amerika und Asien sowie elf Entwicklungsstandorte weltweit. In Abhängigkeit vom jeweiligen Produkt und der entsprechenden Region wurden unterschiedliche Wachstumsraten erzielt, die nur durch eine an die neuen Erfordernisse angepasste Organisation realisiert werden konnten.

Vor dem Hintergrund dieser Entwicklung und in Anbetracht des überproportionalen Wachstums auf den ausländischen Märkten entschloss sich der Geschäftsbereich Fahrwerk im Frühjahr des Jahres 2002 dazu, die aktuelle Organisationsstruktur auf den Prüfstand zu stellen und eine neue, den aktuellen Anforderungen entsprechende Struktur zu entwickeln und einzuführen.

Die Vorgehensweise

Der Entwicklungsprozess der neuen Organisationsstruktur musste zwei einander scheinbar widersprechenden Zielen genügen: Einerseits sollte die neue Struktur nicht das „Kopfwerk" des Vorstands, sondern eine breit akzeptierte und von möglichst vielen Schultern getragene Organisation werden. Die je nach Produkt und Region unterschiedlichen marktseitigen Anforderungen sollten möglichst unverfälscht in das neue Konzept einfließen, damit es der Hauptanforderung, den Wachstumsprozess der nächsten fünf bis zehn Jahre zu begleiten, genügen konnte. Andererseits sollte während der Entwicklung und Einführung der neuen Organisationsstruktur jede Unruhe und Verunsicherung der Mitarbeiter vermieden werden. Die Bewältigung des Tagesgeschäftes durfte in der aktuellen Wachstumsphase nicht gefährdet werden. Es ergab sich hieraus die Notwendigkeit, einerseits die Know-how-Träger möglichst früh einzubinden und andererseits ein nicht unerhebliches Maß an Vertraulichkeit zu wahren, um einer Verunsicherung der Mitarbeiter oder einer Gerüchtebildung vorzubeugen.

Diese Aufgabe wurde durch ein mehrstufiges Workshop-Konzept gelöst: Aufbauend auf der Arbeit eines kleinen Kernteams wurden dessen Arbeitsergebnisse in mehreren Workshops einem schrittweise vergrößerten Kreis von Führungskräften vorgestellt und gemeinsam mit diesen diskutiert, detailliert und verabschiedet. Das Kernteam, das sich aus den drei Mitgliedern der Geschäftsbereichsleitung sowie der Projektleitung rekrutierte, nahm aus den Workshops jeweils Arbeitsaufgaben mit, die für die folgenden Treffen vorbereitet wurden.

Die Teilnehmerzahl der insgesamt sechs Workshops wuchs von anfangs acht auf abschließend sechzehn Personen an. Inhaltlich standen im ersten Workshop die Beurteilung der aktuellen Organisationsstruktur, die Analyse der Strukturen vergleichbarer Unternehmen aus der Automobilzulieferindustrie sowie die Entwicklung und Beurteilung von möglichen zukünftigen Organisationsstrukturen für das eigene Unternehmen an. Im zweiten Workshop wurde eine erste grobe Bewertung von Organisationsalternativen anhand der Kriterien „Qualität der Geschäftsprozesse", „Flexibilität" und „Markt- und Strategieadäquanz" in Form einer Nutzwertanalyse durchgeführt und so die zielführendste Alternative ermittelt. Diese konnte im dritten Workshop mit wiederum gestiegener Teilnehmerzahl bezüglich zentraler Fragestellungen wie beispielsweise der Aufgabenverteilung zwischen den zentralen und den dezentralen Organisationseinheiten detailliert werden. Der vierte Workshop ergänzte die Detaillierung um die Frage, wie die zahlreichen internationalen Tochtergesellschaften einzubinden seien. Hier war insbesondere zu lösen, welche Rolle die Geschäftsführer der regionalen Tochtergesellschaften zukünftig einnehmen sollten und wie die entsprechenden Gremien zu besetzen seien. Im fünften Workshop wurden die operative Führung und die notwendigen Führungsgremien erarbeitet. Ebenso wurde die Frage des Berichtswesens diskutiert und entschieden. Der abschließende sechste Workshop beschäftigte sich damit, wie die neue Organisationsstruktur den Mitarbeitern, Kunden, Lieferanten und internen Gremien kommuniziert werden soll (siehe Abbildung 1).

Workshop	Inhalt
Workshop 1	Analyse eigene Organisation, Entwicklung von Alternativen
Workshop 2	Alternativenbewertung
Workshop 3	Aufgabenverteilung zentral/dezentral
Workshop 4	Einbindung der internationalen Tochtergesellschaften
Workshop 5	Führungsgremien und Berichtswesen
Workshop 6	Informations- und Kommunikationsprogramm

Abbildung 1: Workshops und Workshopinhalte

Die neue Organisationsstruktur

Die alte Organisation mit ihrer weitgehenden Ausrichtung auf Schweinfurt und das Kernprodukt Dämpfer konnte infolge des starken Wachstums der Vergangenheit nur noch mit erheblichem Aufwand durch die Geschäftsleitung geführt werden. Zu viele Entscheidungen waren auf zu wenige Personen konzentriert. Die drei Mitglieder der Geschäftsleitung waren in knapp zwanzig Aufsichts- oder Beiratspositionen ausländischer Töchter eingebunden und mussten die entsprechenden Pflichttermine wahrnehmen. Die sich unterschiedlich entwickelnden Produkte und die differenzierten Anforderungen der einzelnen Märkte verschärften die Komplexität und den Restrukturierungsbedarf weiter.

In Anbetracht dieser Rahmenbedingungen und der beiden Kernziele „Wachstum" und „Wertbeitrag" stand früh der Gedanke einer stärkeren Dezentralisierung im Vordergrund. Offen war die Frage, ob diese Dezentralisierung sich am Kriterium Produkt (beispielsweise PKW- oder NKW-Dämpfer) oder am Kriterium Region (beispielsweise Nordamerika oder China) orientieren sollte. Gleichzeitig musste die Frage beantwortet werden, wie bei einer Dezentralisierung die bereichsübergreifenden Standards sichergestellt und die Kommunikation mit gemeinsamen Kunden erfolgen sollten. Insbesondere beim Kriterium „Region" galt es zu prüfen, inwieweit eine Dezentralisierung der eigenen Organisation mit der zunehmenden Globalisierung der Fahrzeughersteller in Übereinstimmung gebracht werden konnte.

Als Ergebnis der verschiedenen Überlegungen und der entsprechenden Bewertungen vor dem Hintergrund der definierten Bewertungskriterien stellte sich eine Organisationsform als die zielführendste heraus, die einerseits die Merkmale „produktorientierte Dezentralisierung", „regionale Spezialisierung" und „übergreifende Standardisierung" miteinander verbindet und andererseits insgesamt dem Strukturmerkmal der Dezentralisierung folgt.

Dementsprechend wurden vier produktorientierte Bereiche geschaffen, die durch ein Maximum an unternehmerischer Verantwortung für „profit and loss" gekennzeichnet sind. Neben dem Kernbereich der „PKW-Standarddämpfer" waren das die Bereiche „Niveauregulierte Dämpfer Nivomat", „NKW- und Schienendämpfer" sowie „Aktive Dämpfer (ACS)". Der umsatzstärkste Bereich „PKW-Standarddämpfer" wurde in einem weiteren Schritt in die Regionen „Europa", „Amerika" und „Asien" untergliedert. Die dadurch geschaffene Möglichkeit zur differenzierten und ergebnisverantwortlichen Bearbeitung der unterschiedlichen Märkte zeigte sich nach der durchgeführten Bewertung deutlich positiver als der vermeintliche Verzicht auf ein einheitliches, weltweites Auftreten.

Besonders deutlich wurde dies bei der Region Asien, die mit den anderen nicht vergleichbar ist und daher eine gesonderte Führung erfordert. Auch bei der differenzierten Betrachtung der Regionen Amerika und Europa zeigten sich so deutliche Unterschiede in Bezug auf die technischen Anforderungen der Kunden, die Wettbewerber und das Marktwachstum, dass eine regionale Aufteilung gewählt wurde. Die Grundstruktur mit drei „Regionalbereichen" für den PKW-Standarddämpfer (Europa, Amerika, Asien) und drei „Produktbereichen" für Spezialdämpfer (NKW/Schiene, Nivomat, ACS) wurde im zweiten Workshop erarbeitet und abgestimmt: Ergebnisverantwortliche Produkt- und

Abbildung 2: Neue Organisationsstruktur

Abbildung 3: Struktur der Regional- und Produktbereiche

Regionalbereiche sind heute das wesentliche Element der neuen Organisation. Sie operieren weitgehend selbständig innerhalb definierter Vorgaben und Randbedingungen. Sie sind der Geschäftsleitung des Bereichs Fahrwerk für das erwirtschaftete Ergebnis verantwortlich. Ihnen kommt heute eine hohe unternehmerische Verantwortung zu.

Die Bereiche sind in ihrer internen Organisation funktional gegliedert. Der Bereichsleiter wird durch die Bereichsverantwortlichen für Vertrieb, Entwicklung, Produktion, Einkauf, Personal und Controlling unterstützt.

Zur Sicherstellung einer bereichsübergreifenden Koordination wurden Querschnittsfunktionen geschaffen, die den ergebnisverantwortlichen Bereichen zur Seite stehen und in Zusammenarbeit mit diesen übergreifend gültige Vertriebs-, Entwicklungs- und Produktionsstrategien erarbeiten sowie in Form von Standards, Methoden und Vorgaben dokumentieren. Diese Querschnittsfunktionen haben kein Weisungsrecht gegenüber den Produkt- und Regionalbereichen, auch nicht gegenüber den Fachabteilungen innerhalb der Bereiche. Damit ist deren Ergebnisverantwortung unberührt. Die unternehmerische Freiheit der ergebnisverantwortlichen Bereiche wird allein durch die verbindliche Verabschiedung der erarbeiteten und abgestimmten Standards, Methoden und Vorgaben durch die Geschäftsleitung determiniert. Durch die Vorbereitung dieser „Leitplanken" tragen die Querschnittsfunktionen gleichzeitig zur Sicherstellung weltweit einheitlicher Standards – der

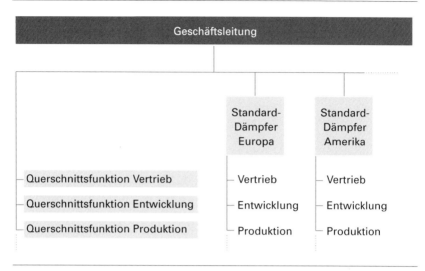

Abbildung 4: Querschnitts- und Bereichsfunktionen

Global Competence – bei. Während den Produkt- und Regionalbereichen eine unternehmerische Verantwortung zukommt, sind die Querschnittsfunktionen hauptsächlich für strategische und koordinierende Aufgaben zuständig. Zwischen diesen beiden Bereichen sind die Aufgaben, Kompetenzen und Verantwortungen exakt definiert und deren Verteilung eindeutig geregelt.

Folgende Querschnittsfunktionen wurden gebildet: Vertrieb, Entwicklung, Produktion, Beschaffung, Personal und Controlling. Eine Personalunion zwischen dem Inhaber einer Querschnittsfunktion und dem Leiter einer entsprechenden Fachfunktion im größten Bereich „Standarddämpfer Europa" ist ausdrücklich gewünscht, aber nicht Voraussetzung. Hierdurch wird eine starke Praxisorientierung der Querschnittsfunktionen sichergestellt und die Bildung eines „Elfenbeinturms" verhindert. Damit wird erreicht, dass Informationen, Techniken, Methoden und Praxiserfahrungen aus dem Kernmarkt Europa, der nach wie vor der anspruchsvollste Automobilmarkt der Welt ist, schneller auf andere Regionalmärkte übertragen werden.

Eine Sonderstellung in der Organisationsstruktur nimmt der Vertrieb ein. Auch wenn hier analog zu den anderen Fachfunktionen in jedem Produkt- und Regionalbereich ein Vertrieb vorgesehen ist, gibt es zwei Besonderheiten:

- Der Bereich ACS (geregelte Fahrwerksysteme) verfügt über keinen eigenen Vertrieb. Die ACS-Systeme werden zur Zeit fast ausschließlich in Europa verbaut. Der relevante Kundenkreis beschafft bevorzugt Standarddämpfer. Es wird erwartet, dass ACS-Dämpfer den Standarddämpfer mittelfristig substituieren, sodass sich aus dem Wettbewerb zweier interner Bereiche am Markt kein Vorteil für ZF Sachs ergäbe. Es zählt daher zu den Aufgaben des Vertriebs, die geregelten Systeme mit anzubieten, um damit dem Kunden ein vollständiges Programm bieten zu können. Dem Bereich ACS-Dämpfer obliegt die Kalkulation und Angebotsfreigabe für seine Produkte.

- Eine weitere Sonderregelung im Vertrieb ist die Festlegung so genannter „World-KAMs" (KAM = Key Account Manager). Diese sind immer Teil des Vertriebs in einem Regionalbereich, zum Beispiel Amerika, haben aber zusätzlich die Aufgabe, „ihren" Schlüsselkunden weltweit zu betreuen. Sie führen nicht den operativen Vertrieb durch. Dieser findet immer im entsprechenden Regional- oder Produktbereich statt. Betreuung ist unter anderem definiert als „die Vorgabe von kundenspezifischen Regelungen" wie Preisspannen oder Garantiebedingungen. Hierdurch soll verhindert werden, dass einem global agierenden Kunden ein vergleichbares Produkt lokal zu unterschiedlichen Preisen angeboten wird. Weitere Aufgaben des Global-KAMs sind die Prüfung der globalen Auswirkungen von anstehenden Preisabschlüssen bei den Kunden sowie die Verdichtung der globalen, kundenbezogenen Absatzplanung. Hierzu bedient sich der Global-KAM der Informationen, die ihm die übrigen Vertriebsmitarbeiter in den Produkt- oder Regionalbereichen bereitstellen. Er kumuliert dieses kundenspezifische Know-how und leitet es verdichtet wiederum seinen Kollegen zu. Zu seinen Verantwortungen zählt die Sicherstellung einer weltweit einheitlichen Geschäftspolitik gegenüber global agierenden Kunden, die Gewährleistung einer konsistenten Preisspanne sowie das Vorlegen einer verlässlichen Gesamtplanung und aktueller Informationen zu Kundentrends bei den lokalen KAMs.

Die Führungsgremien

Ziel der neuen Organisation war die Schaffung ergebnisverantwortlicher Bereiche, damit diese in genauer Kenntnis ihrer Produkte, Märkte und Kunden optimal agieren und ein entsprechendes Ergebnis erwirtschaften können. Zur Definition von bereichsübergreifenden „Leitplanken" sind die Querschnittsfunktionen geschaffen worden. Beide Funktionen sind in der zukünftigen Führung des Geschäftsbereichs berücksichtigt worden, da beiden eine Mitverantwortung für das Gesamtergebnis zukommt.

In einem ersten Schritt wurde ergänzend zur bestehenden Geschäftsleitung eine „erweiterte Geschäftsbereichsleitung" geschaffen. Diese umfasst sowohl die Geschäftsleitung des Bereichs Fahrwerk mit ihren drei Mitgliedern als auch die sechs Leiter der Regional- und Produktbereiche. Die Hauptaufgabe dieses Gremiums ist die Abstimmung von Strategien und Zielen zwischen der Geschäftsleitung und den Bereichsleitern sowie die Entscheidungsfindung bei bereichsübergreifenden Konflikten oder Fragen. Weitere Themen sind ein regelmäßiger Strategie-Review sowie Entscheidungen bezüglich des Produktportfolios. Der Geschäftsleitung obliegt nach wie vor die Verantwortung für das Ergebnis und den Wertbeitrag des Geschäftsbereichs. Sie koordiniert die Regional- und Produktbereiche, stimmt Strategien ab und gibt Ziele vor.

Während die Geschäftsleitung im Monatsrhythmus tagt, trifft sich die erweiterte Geschäftsbereichsleitung in zweimonatigem Abstand.

Eine regelmäßige Abstimmung zwischen den Querschnittsfunktionen und den Bereichen beispielsweise für Fragen der Ressourcenallokation oder zur Operationalisierung von Strategien und Zielen findet innerhalb des oberen Führungskreises statt, der sich aus der Geschäftsleitung, den Bereichsleitern und den Leitern der Querschnittsfunktionen zusammensetzt und quartalsweise zusammenkommt.

Innerhalb der Regional- und Produktbereiche sind die Führungskräfte im Bereichsführungskreis zusammengefasst. Er wird vom zuständigen Bereichsleiter geführt und besteht außer diesem aus der Vertriebs-, der Produktions-, der Entwicklungsleitung und den verantwortlichen Mitarbeitern für Einkauf, Personal, Qualität und Controlling im jeweiligen Bereich.

Das Berichtswesen

Die Kernelemente der neuen Organisation:

- dezentrale, produkt- oder regionalorientierte Bereiche,
- durchgängige, unternehmerische Verantwortung,
- Querschnittsfunktionen mit strategischen und koordinierten Aufgaben

finden ihren Niederschlag im neu zu schaffenden Berichtswesen. In der alten Organisation wurden alle ergebnisrelevanten Zahlen im zentralen Controlling verdichtet und von dort als Monatsberichte oder Übersichten den zu informierenden Bereichen und Personen zur Verfügung gestellt. Das Controlling war der „Hüter aller Zahlen", dem die Zahlen als erstes bekannt waren. Die Tochtergesellschaften erstellten eigenständige Ergebnisberichte, die teilweise über die Muttergesellschaft, teilweise über das Controlling des Geschäftsbereichs Fahrwerk weitergegeben wurden. Eine Verdichtung der Kennzahlen auf Produkte oder Produktgruppen war äußerst schwierig und teilweise gar nicht möglich.

Aufgabe der neuen Organisation war es nicht nur, die Transparenz deutlich zu steigern, sondern auch die Ergebnisverantwortung der Bereiche in den Vordergrund zu stellen. Diese sollte sich auch dadurch ausdrücken, dass die Bereiche ihre Ergebniskennzahlen selbst aufbereiten, analysieren, berichten und auf dieser Basis zielführende, sprich ergebnisverbessernde Maßnahmen einleiten, was einen Paradigmenwechsel für die Verantwortung der Datengenerierung bedeutete. War dies bisher Aufgabe des zentralen Controllings, sollten zukünftig die Bereiche selbst die Datenverarbeitung nach dessen Vorgaben erledigen. Als Ort der Berichterstattung wurde die „erweiterte Geschäftsbereichsleitung" festgelegt.

Neben diesem ergebnisorientierten Berichtsweg wurde zusätzlich ein funktionsorientierter Berichtsweg geschaffen. Während im ersten Berichtsweg die Kennzahlen wie Ergebnis, Umsatz und Wertbeitrag von zentraler Bedeutung sind, sind es im zweiten eher operative Werte wie Produktivität, Instandhaltungsquote und Prozesseffizienz. Die Kennzahlen und die zugehörigen Ermittlungswege werden durch die Quer-

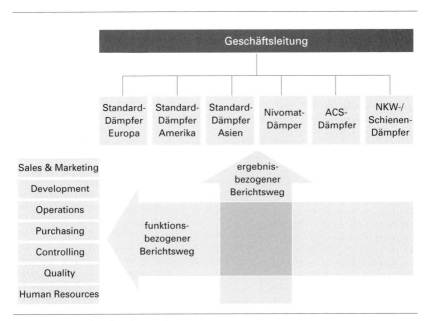

Abbildung 5: Grundstruktur des Berichtswesens

schnittsfunktionen definiert. Die Bereiche wiederum ermitteln ihre Kennzahlen und stellen sie den Querschnittsfunktionen zur Verfügung. Hierdurch wurde es den Querschnittsfunktionen ermöglicht, über alle Bereiche tatsächlich vergleichbare Kennzahlen zu ermitteln, auszuwerten und den Bereichen zum Quervergleich wieder zur Verfügung zu stellen.

Das Informations- und Kommunikationsprogramm

Da die neue Organisation zu einem definierten Stichtag wirksam werden musste, wurde ein Informations- und Kommunikationsprogramm geschaffen, das alle wesentlichen Ansprechpartner rechtzeitig und in geeigneter Form über den neuen Sachverhalt und die sich daraus ergebenden Veränderungen informierte. Für jede der Zielgruppen (Belegschaft, Belegschaftsvertreter, Kunden, Lieferanten, Vorstand ZF AG etc.) wurde festgelegt, durch wen sie wann und mit welchen Inhalten zu informieren ist.

Um die Einheitlichkeit der Information sicherzustellen, wurden

- die neue Organisation,
- ihre wesentlichen Merkmale,
- die Besetzung der Leitungspositionen,
- die Ausgestaltung der Verantwortungs- und Kompetenzregelungen sowie
- die wesentlichen Elemente des neuen Berichtswesens

in zentral erstellten Standardunterlagen dokumentiert und allen Bereichsleitern weltweit über das Intranet zur Verfügung gestellt.

Alle wesentlichen Gremien des ZF-Konzerns, der ZF Sachs AG sowie der Arbeitnehmervertreter wurden zu definierten Zeitpunkten über den Stand der Arbeiten und die sich ergebenden Veränderungen informiert.

Fazit

Die neue Organisationsstruktur hat im ersten Jahr nach ihrer termingerechten Einführung breiteste Zustimmung erfahren und sowohl ihre Praxistauglichkeit als auch ihren Beitrag zu den Unternehmenszielen unter Beweis gestellt. Für die einzelnen Produkte und Märkte wurden differenzierte Strategien und Strukturen entwickelt, sodass der Marktanteil weltweit kontinuierlich wächst. Als besonderer Vorzug der neuen Organisation schätzten die Verantwortlichen die deutlich verbesserte Führbarkeit und gestiegene Transparenz sowie die daraus resultierenden Möglichkeiten zu schnellen und bedarfsgerechten Reaktionen.

Die breite Zustimmung zur neuen Organisation bei Führungskräften und Vorstand bestätigt den eingeschlagenen Weg zur Entwicklung und Einführung der neuen Organisation. Die sukzessive und frühzeitige Einbindung der Führungskräfte in den Entwicklungsprozess findet ihren Niederschlag in der hohen Akzeptanz und der gesteigerten Motivation.

Mit dieser neuen Organisationsstruktur sieht sich der Geschäftsbereich Fahrwerk auf dem richtigen Weg, seine ergebnisorientierte Wachstumsstrategie auch in einem schwieriger gewordenen Marktumfeld erfolgreich fortsetzen zu können.

II

7 effektive Strategien

Wachstum durch Produktinnovation

Rolf Bulander / Ralf Paul Jung

Ausgangssituation
- Zunehmender Kostendruck aufgrund des globalen Wettbewerbs der Lenkungshersteller
- Nahezu stagnierende Nachfrage bei Standardprodukten
- Wachstum in Teilsegmenten

Aufgabe
- Besetzen der wachstumsträchtigen Teilsegmente mit überlegenen Produkten
- Investitionsarme Bewältigung des Wachstums in der Produktion

Strategie
- Produktinnovation: technologisch anspruchsvollere Produkte mit überlegenen Eigenschaften herstellen, die zusätzlichen Kundennutzen bieten und Wettbewerbsvorteile schaffen

Ergebnis
- Alleinstellungsmerkmale durch innovative Produkte führen zu qualitativem und quantitativem Umsatzwachstum
- Die Umsatzsteigerung von 16 Prozent pro Jahr wird durch eine investitionsarme Leistungssteigerung in der Produktion realisiert

Produktinnovationen bei Kraftfahrzeuglenkungen

Produktinnovation als effektive Wachstumsstrategie setzt auf überlegene Produkte („überlegen" ist dabei vor dem Hintergrund der Befriedigung von Kundenbedürfnissen zu verstehen), die vom Markt bevorzugt nachgefragt werden und daher in größeren Stückzahlen und zu höheren Preisen verkauft werden können. Nur wenn innovative technische Eigenschaften ein Kundenbedürfnis wecken oder befriedigen und dadurch für den Käufer Nutzen bringen, der den höheren Preis überwiegt, wird diese Strategie aufgehen.

Eine der wesentlichen erfolgreichen Produktinnovationen in der Geschichte der Fahrzeuglenkungen war in der Mitte des vorigen Jahrhunderts die Servolenkung. Insbesondere im Stand oder bei langsamer Fahrt führt die Reifenhaftung auf der Fahrbahn dazu, dass sich das Lenkrad nur mit enormem Kraftaufwand drehen lässt. Das Lenken wird für den Fahrer mit Hilfe einer Servolenkung deutlich leichter.

Servolenkungen sind seit den vierziger Jahren in USA, ab den fünfziger Jahren auch in Europa auf dem Markt. Ihr Nutzen ist für den Kunden unmittelbar spürbar. Daher sind inzwischen fast alle PKW von der Oberklasse bis zur Kompaktklasse serienmäßig mit solchen Lenkungen ausgestattet. Die Servounterstützung des mechanischen Systems erfolgt klassischerweise über eine Hydraulik, die aus einer vom Fahrzeugmotor angetriebenen Lenkungspumpe zum Erzeugen des Öldrucks, einem Arbeitszylinder und einem Steuerventil besteht. Derartige Standard-Servolenkungen werden heute weltweit hergestellt und unterliegen aufgrund des globalen Wettbewerbs einem starken Preisdruck.

Zunehmende Anforderungen an Sicherheit und Fahrkomfort führen dazu, dass Servolenkungen um zusätzliche Funktionen, wie beispielsweise die geschwindigkeitsabhängige elektronische Steuerung, ergänzt werden. Diese Zusatzfunktionen erfordern weitere Komponenten sowie zusätzliches Know-how und erhöhen gleichzeitig den Wert des Produkts und den Kundennutzen.

Eine weitere viel versprechende Innovation ist die Elektrolenkung. Die hydraulische Lenkungspumpe verbraucht ständig Energie des Fahrzeugmotors. Wird das hydraulische durch ein ausschließlich elektrisch arbeitendes System ersetzt, sind beträchtliche Energieeinsparungen möglich, denn ein elektrischer Antrieb verbraucht nur dann Energie, wenn tatsächlich gelenkt wird. Der Nutzen dieser Produktinnovation ist gerade bei steigenden Treibstoffpreisen offensichtlich.

Das Unternehmen ZF Lenksysteme

Die ZF Lenksysteme GmbH ist ein Gemeinschaftsunternehmen der Robert Bosch GmbH und der ZF Friedrichshafen AG. Die Erfahrungen von ZF bezüglich hydraulisch unterstützter Lenkungen und von Bosch in den Bereichen Elektronik, Elektrik und Sensorik bündeln bei ZF Lenksysteme richtungsweisendes Know-how zum Thema modernes Lenken. Die ZF Lenksysteme entwickelt und produziert Lenkungstechnik für PKW und Nutzfahrzeuge, komplette Lenksysteme einschließlich Lenksäulen sowie deren Komponenten. Das in Schwäbisch Gmünd ansässige Unternehmen mit 16 Tochter- und Beteiligungsgesellschaften in elf Ländern erzielte im Jahr 2003 einen Umsatz von 1,8 Milliarden Euro und beschäftigt weltweit über 9.000 Mitarbeiter.

Im Lenkungsmarkt ist ein deutlicher Trend zu Produkten mit höherer Funktionalität auszumachen. Damit gewinnt die Technologieführerschaft der ZF Lenksysteme an Bedeutung. Der Absatz der hochwertigen elektronisch geregelten Produkte Aktivlenkung, der elektrischen Servolenkung Servolectric® und von Lenksystemmodulen mit elektromotorischem Antrieb ist, vor allem in Europa, stark ansteigend. Dies führt nicht nur zu quantitativem, sondern vor allem auch zu qualitativem Wachstum. ZF Lenksysteme wächst aufgrund seiner innovativen Produkte deutlich schneller als der Markt. Von 2002 auf 2003 konnte der Umsatz um 16 Prozent gesteigert werden, die Anzahl der Mitarbeiter wuchs im gleichen Zeitraum um 4 Prozent.

Im nordamerikanischen Markt dominieren immer noch die konventionellen Lenksysteme. Daher steht der Ausbau in diesem Markt im Fokus der mittelfristigen Aktivitäten des Lenkungsherstellers. Weiterhin stark partizipieren wird das Unternehmen am Wachstum in China. Starke Marktpräsenz mit hoher lokaler Fertigungstiefe sind hier die Erfolgsfaktoren.

Insgesamt erwartet ZF Lenksysteme für die nächsten Jahre ein Wachstum, welches das Marktwachstum deutlich übersteigt.

Die Aktivlenkung

Ein Wachstumsprodukt, das einer breiten Öffentlichkeit bekannt geworden ist, ist die Aktivlenkung. Die BMW Group hat gemeinsam mit ZF Lenksysteme für die Entwicklung und Einführung der Aktivlenkung den renommierten Innovationspreis der deutschen Wirtschaft für das Jahr 2003 in der Kategorie Großunternehmen erhalten. Der Innovationspreis der deutschen Wirtschaft wurde 1980 als erster Innovationspreis überhaupt vom Wirtschaftsclub Rhein-Main e.V. geschaffen und gilt als der bedeutendste Preis dieser Art in Deutschland. Er wird jährlich in Zusammenarbeit mit der „Wirtschaftswoche" ausgeschrieben und in den drei Kategorien Großunternehmen, mittelständische Unternehmen und Start-up-Unternehmen vergeben. Um die Preise in den drei Kategorien konkurrierten insgesamt mehr als 320 eingereichte Innovationen. Die Aktivlenkung bekam den begehrten Preis, weil sie den bisherigen Zielkonflikt zwischen einer sportlich agilen und einer mehr komfortablen Auslegung der Lenkung löst. Aus diesen Gründen wurde die Aktivlenkung bereits von der amerikanischen Fachzeitschrift „Automobile Magazine" mit dem Technology Award of the Year 2004 sowie von dem französischen Fachblatt „L'Automobile Magazine" mit der Trophée d'Innovation 2003 ausgezeichnet.

Die Aktivlenkung hebt erstmals das bisher feste Verhältnis von Lenkradeinschlag zu Radeinschlag auf und bietet daher für jede Fahrgeschwindigkeit die passende Lenkübersetzung. In die Lenksäule ist ein Planetengetriebe mit Stellmotor integriert, das bei langsamer Fahrt den Radeinschlag vergrößert und ihn bei hohem Tempo verringert.

Der Effekt: Auf kurvigen Strecken ist das Auto durch die direktere Lenkung wesentlich beweglicher. Der Fahrer muss am Steuer kaum noch umgreifen. Beim Rangieren genügen knapp zwei, statt normalerweise drei vollständige Lenkradumdrehungen, um die Räder von ganz rechts bis ganz links und umgekehrt einzuschlagen. Dies steigert Wendigkeit und Komfort. Bei schneller Fahrt auf der Autobahn wirken sich wegen der Reduktion des Lenkwinkels ungewollte kleine Bewegungen am Steuer, zum Beispiel bei Fahrbahnunebenheiten, weniger auf den Geradeauslauf aus. Das Auto ist durch die nun etwas indirektere Lenkung spurstabiler und fährt nahezu wie auf Schienen. Durch Kommunikation mit dem Elektronischen Stabilitätsprogramm erkennt das System außerdem Übersteuerungstendenzen des Fahrzeugs bereits im Ansatz. Zum Beispiel bei einem abrupten Ausweichmanöver kann die Aktivlenkung durch automatisches Gegenlenken nahezu unmerklich korrigieren und das Auto so wieder stabilisieren. Die Aktivlenkung ist als Option für die neuen BMW 5er- und 6er-Modelle erhältlich und wurde auf Anhieb von 40 Prozent der Fahrzeugkäufer geordert. Ein vergleichbares Wettbewerbsprodukt ist am Markt zurzeit nicht vorhanden.

Anforderungen an die Produktion infolge des Wachstums

Obgleich die elektrischen Servolenkungen das stärkste Marktwachstum zeigen, ist ihr Marktanteil noch gering. Der Großteil des Umsatzes wird nach wie vor mit hydraulischen Servolenkungen erzielt. In diesem Segment zeigen technisch aufwendige Produkte, die zusätzlichen Kundennutzen bieten, deutliche Wachstumsraten. Bedeutendster Produktionsstandort dieser Lenkungen für ZF Lenksysteme ist Schwäbisch Gmünd. Die einzelnen Typen der Zahnstangenlenkungen für PKW unterscheiden sich im Wesentlichen durch die verwendeten Ventile: ein einfaches Standardventil oder ein Servotronic-Ventil mit Zusatzbauteilen zur fahrgeschwindigkeitsabhängigen elektronischen Steuerung des Lenksystems. Die Aktivlenkung umfasst mit dem Planetengetriebe in der Lenksäule zusätzliche mechanische und elektronische Komponenten. Insbesondere bei den Servotronic-Lenkungen und den Aktivlenkungen wird in den nächsten fünf Jahren für das Unternehmen Wachstum erwartet, das den zu erwartenden Stückzahlrückgang bei den hydraulischen Standard-Servolenkungen kompensiert.

Die Fertigung dieser Zahnstangen-Hydrolenkungen umfasst zunächst die Herstellung folgender Komponenten: Lenkgehäuse werden bearbeitet, Ritzel und Lenkventile hergestellt und montiert, Zahnstangen hergestellt und bearbeitet. Die Fabrikation der Komponenten ist an der Fertigungstechnologie orientiert. In der Regel werden die Lenkungen für eine Automobilbaureihe eines Kunden auf einem automatisierten und verketteten Montageband zusammengefügt. Die fertig montierte Lenkung wird auf Funktion geprüft. Die Prüfstände sind in das Montageband integriert. Die fertigen Lenkungen werden in spezielle Versandgestelle verpackt und just-in-Time an die Automobilhersteller geliefert.

Quantitatives Wachstum bedeutet für die Produktion erhöhte Stückzahlanforderungen, qualitatives Wachstum führt zu Produktmixverschiebungen. Da die innovativen, wachstumsstarken Produkte wie Servotronic und Aktivlenkung im Vergleich zur Standard-Zahnstangen-Hydrolenkung zusätzliche Baugruppen und Komponenten enthalten, steigt auch der Arbeitsinhalt in der Fertigung, die Komplexität und damit die Anforderungen an die Produktionsplanung, Steuerung und Termintreue.

Lenkungen sind sicherheitsrelevante Teile, daher fordert der Kunde eine Null-Fehler-Qualität. Auch bei zunehmend komplexeren Produkten ist die perfekte Beherrschung der Prozesse unabdingbar. Die Automobilhersteller verlangen von ihren Zulieferern in mehrjährigen Verträgen jährliche Preisnachlässe in Höhe einiger Prozent. Soll das Ergebnis gehalten werden, sind in der Produktion jährlich überdurchschnittliche Produktivitätssteigerungen zu erbringen. Dies lässt es nicht zu, Wachstum durch proportionale Erweiterungsinvestitionen und proportionalen Aufbau von Mitarbeiterkapazitäten zu realisieren. Für die Bewältigung des Wachstums im Jahr 2003 waren eine investitionsarme Steigerung des Durchsatzes in der Fertigung und eine entsprechende Steigerung der Mitarbeiterproduktivität unumgänglich.

Strategien zur investitionsarmen Leistungssteigerung

Die entscheidende Frage lautet: Wie kann der Produktionsprozess gestaltet werden, um mehr Umsatz pro Monat zu erzeugen und die Aufträge termingerecht erfüllen zu können?

Leistungssteigerungen in einem komplexen Produktionsverbund lassen sich ohne Verschwendung der beschränkt vorhandenen finanziellen und personellen Ressourcen nur durch ein gezieltes und am Gesamtprozess orientiertes Vorgehen erreichen. Erster Schritt zu einer am Gesamtoptimum orientierten Verbesserungsstrategie ist die Darstellung des Material- und Informationsflusses für die wesentlichen Produktfamilien: die Wertstromanalyse. Ausgehend von der Lenkungsmontage wird der gesamte Wertstrom in der Fabrik von Rampe zu Rampe aufgenommen. Damit ist bekannt, welches Material in welcher Menge mit welcher Geschwindigkeit über welche Maschine fließt und wie viele Mitarbeiter dafür tatsächlich benötigt werden.

Aus den täglichen Liefermengen wird der Kundentakt errechnet: Soll das Werk im Drei-Schicht-Betrieb zum Beispiel 12.000 Lenkungen am Tag liefern, sind das in jeder Stunde 500 Lenkungen oder alle 7,2 Sekunden eine Lenkung. Dieser Kundentakt gilt bei reiner Eigenfertigung auch für die Zahnstangenfertigung, die Ventilfertigung und die Lenkgehäusebearbeitung, da jede Lenkung genau eine dieser Komponenten enthält. Vergleicht man die Ist-Ausbringung der einzelnen Maschinen der jeweiligen Fertigungslinien mit dem Kundentakt, werden die Engpässe offensichtlich. In jedem Prozess gibt es einen Schritt, der den Durchsatz limitiert. Ist er langsamer, als es der Kundentakt fordert, genießt dieser Prozessschritt Priorität für eine Prozessoptimierung. Ist- und Soll-Taktzeit sind bekannt, die Abweichung ist ermittelt. Als nächstes erfolgen gemeinsam mit den Mitarbeitern die Ursachenanalyse und das Erarbeiten von Verbesserungsmaßnahmen. Ist dieser Engpass erweitert, rückt der nächste in den Fokus. Am Ende steht ein durchgängig optimierter Material- und Informationsfluss, der im Soll-Wertstrom abgebildet wird.

Kurzfristig lassen sich erforderliche Leistungssteigerungen häufig nur durch organisatorische Maßnahmen erreichen. Die Maßnahme wird durchgeführt und ihre Wirksamkeit gemessen. Dazu dient ein Kennzahlensystem für die Produktion, das Informationen über den Fortschritt bezifferbar macht. Für schnelle Verbesserungen haben sich kurze Regelkreise bewährt. Wo erforderlich, erfolgt beispielsweise eine stündliche Überprüfung der Produktionsmenge. Die unmittelbare Diskussion über Störursachen führt zu Möglichkeiten, Störungen dauerhaft abzustellen. Der betriebswirtschaftliche Nutzen wird am Beitrag der Verbesserungsmaßnahme zum Betriebsergebnis gemessen. Entscheidend für die Optimierung des gesamten Wertstroms ist im ersten Schritt also die geregelte Beseitigung der Engpässe, die die Produktionsausbringung beschränken. Die ganze Produktion orientiert sich dabei an einem Takt: dem des Kunden.

Konsequente Umsetzung der Strategie

Die durchgängige Orientierung am Kundentakt ermöglicht es mehreren Verbesserungsteams, in den einzelnen Produktionsprozessen unabhängig voneinander am selben Ziel zu arbeiten. Dadurch wird die zum Erreichen der schnell steigenden Stückzahlanforderungen erforderliche Veränderungsgeschwindigkeit erreicht. Die Verantwortung für die Verbesserungsergebnisse wird in der Linienorganisation verankert. Um Verlauf und Ergebnisse der parallel verlaufenden Aktivitäten nachvollziehbar zu machen, sind alle Optimierungsmaßnahmen mit Ist- und Soll-Zustand beschrieben. Jede Optimierungsmaßnahme durchläuft sechs Reifegrade: Aus einer ersten Verbesserungsidee (R1) wird ein im Kreis der Verantwortlichen abgestimmter Maßnahmenvorschlag mit definiertem Aufwand und Nutzen (R2). Dieser wird mitsamt den notwendigen Einzelschritten und einem Zeitplan für jeden Schritt zur Freigabe vorgelegt (R3). Nach der Freigabe erfolgt die Umsetzung Schritt für Schritt (R4). Nach Abschluss des letzen Schritts wird der Regelkreis geschlossen, indem der neue Zustand mit dem im Reifegrad R2 geplanten Soll-Zustand verglichen wird (R5). Abschließend wird der Ergebnisbeitrag im Betriebsergebnis nachvollzogen (R6).

Alle Verbesserungsschritte sind mit den Verantwortlichen im Detail geplant und genauso wie das vom Ausführungsverantwortlichen zum zugesagten Termin erwartete Ergebnis in einer Datenbank hinterlegt. Dem Projektteam wird mit Hilfe dieser Datenbank „intraplan-CRC" im Wochentakt über den Fortschritt berichtet. Der Realisierungsfortschritt jeder einzelnen Aktivität wird in die Datenbank eingetragen. Das Projektteam unterstützt ebenfalls die termingerechte Realisierung der beschlossenen Maßnahmen durch ein gesamtheitliches Projektmanagement und kann von den Realisierungsverantwortlichen zur Unterstützung als Hilfe zur Selbsthilfe angefordert werden. Die Geschäftsführung von ZF Lenksysteme hat Zugriff auf die Maßnahmen-Datenbank und lässt sich ebenfalls wöchentlich über den Fortschritt informieren. Nur in wenigen Einzelfällen ist ein Eingreifen der Geschäftsführung notwendig, damit die Ziele termingerecht erreicht werden.

Während zunächst die Erfüllung der steigenden Stückzahlanforderungen im Vordergrund steht, werden im zweiten Schritt die einzelnen optimierten Prozessbausteine in Bezug auf eine optimale Gesamtprozesskette weiter angepasst. Hauptsächlich geht es darum, die Kundenanforderungen mit dem geringst möglichen Aufwand erfüllen zu können, das heißt, die erforderliche Produktivitätssteigerung zu erreichen. Die Produktivitätsziele werden im Rahmen eines Zielentfaltungsprozesses vom Gesamtunternehmen über die Bereiche bis auf Kostenstellenebene heruntergebrochen. Auf der Kostenstellenebene werden Maßnahmen zum Erreichen der Ziele erarbeitet. Auch diese Maßnahmen werden in der oben beschriebenen Weise detailliert geplant und wöchentlich überwacht. Die Einheitlichkeit im Vorgehen wird durch für das gesamte Unternehmen verbindliche Produktionsprinzipien erreicht. Das unterstützende Projektteam stellt den einzelnen Fertigungsbereichen methodische Unterstützung zur Umsetzung der Produktionsprinzipien zur Verfügung.

Von Verbesserungsprojekten zum ZFLS-Produktionssystem

Auf der obersten Ebene des ZF Lenksysteme-Produktionssystems stehen die Ziele, die das Unternehmen erreichen will: Qualität erzeugen zu optimalen Kosten und bei perfektem Lieferservice. Daraus werden die acht Produktionsprinzipien, mit denen diese Ziele erreicht werden sollen, abgeleitet:

- Prozessorientierung,
- Ziehprinzip,
- Flexibilität,
- Fehlervermeidung,
- Standardisierung,
- Transparenz,
- Vermeidung von Verschwendung,

- ständige Verbesserung sowie
- Eigenverantwortung.

Diese Produktionsprinzipien werden mit Hilfe eines Methodenbaukastens, der überwiegend aus dem Toyota-Produktionssystem und den Produktionssystemen Formel ZF und dem Bosch-Produktionssystem adaptiert wird, umgesetzt. Ein Großteil der für die Umsetzung der Produktionsprinzipien benötigten Methodenbausteine ist bereits durch die in den einzelnen Bereichen realisierten Verbesserungsprojekte erarbeitet und erprobt. Das Prinzip Standardisierung soll jedoch nicht nur auf bestehende Produkte, Fertigungseinrichtungen und Fertigungsprozesse angewendet werden, sondern zusätzlich einen stärker strategischen Fokus zur zukunftsorientierten Betrachtung der Produkte und Prozesse bekommen. Ein Großteil der späteren Herstellkosten wird schließlich während der Produkt- und Prozessentwicklungsphase festgelegt. Die Lebensdauer von Fertigungseinrichtungen übersteigt die Länge der Produktlebenszyklen. Daher ist ein modularer Aufbau zum Beispiel der Montagebänder eine wesentliche Voraussetzung zur Wiederverwendbarkeit einzelner Montagestationen. Um dort besser zu werden, wird der Bausteinkasten des ZF Lenksysteme-Produktionssystems um die beiden Bausteine „Fertigungsgerechte Produktgestaltung" und „Produktlebenszyklusplanung" ergänzt.

Damit umfasst dieser 14 Bausteine:

- Visuelles Management,
- 5S,
- TPM,
- Schnellrüsten,
- Wertstromdesign,
- Poka Yoke,
- Qualitätstools,
- Zielentfaltung,
- Teamorientierte Produktion,
- Verbrauchssteuerung (KANBAN),
- Standardisierung Arbeit,
- Flussorientiertes Layout,
- Fertigungsgerechte Produktgestaltung,
- Produktlebenszyklusplanung.

Jeder Baustein besteht aus einer Bausteinbeschreibung und einem Leitfaden zur Anwendung. Ein Referenzprojekt wird definiert, gestartet und dokumentiert. Die Referenzprojekte werden vom unterstützenden Projektteam begleitet. Die Dokumentation der Bausteine wächst mit jeder realisierten Maßnahme um ein weiteres Praxisbeispiel und ist im Unternehmen allgemein über das Intranet zugänglich

Innovation als systematischer Prozess

Heute innovative Produkte anbieten zu können, sichert das Wachstum für die nächsten zwei Jahre. Die Position als Technologieführer auf Dauer zu sichern und auszubauen, erfordert einen systematischen Innovationsprozess. Vor dem Hintergrund eines strategischen Zeitraums von fünf bis sieben Jahren muss die Entwicklung der Automobiltechnik antizipiert und die entsprechenden Kompetenzen zur Erfüllung der zukünftigen Kundenanforderungen aufgebaut werden. Denn vieles, was heute als Kern- oder Schlüsselkompetenz zu Wettbewerbsvorteilen führt, kann in wenigen Jahren Standard im globalen Wettbewerb sein. Für den Technologieführer ZF Lenksysteme heißt das, schon heute die Weichen dafür zu stellen, dass Kernkompetenzen in Produktentwicklung, Prozessentwicklung und Produktion auf- und ausgebaut werden, die auch in sieben Jahren die Überlegenheit der Produkte zu wettbewerbsfähigen Kosten und damit eine Spitzenposition im globalen Wettbewerb ermöglichen. Zunehmende Bedeutung haben hier Produkte, die neben der überlegenen Lenkfunktionalität zusätzlichen Nutzen für den Fahrzeughersteller bringen. Aus heutiger Sicht sind dies vor allem Lenkungssysteme, die zu einer Einsparung von Energie führen. Entsprechend sind die Schwerpunkte in der Entwicklung bei ZF Lenksysteme auf solche Produkte gelegt, um auch zukünftig durch Produktinnovation zu wachsen.

Wachstum durch Diversifikation

Ingo Kufferath / Harald Göbl

Ausgangssituation
- Gering ausgeprägte Kundenorientierung durch Standardprodukte
- Schwerfällige und innovationsschwache Organisation
- Einbruch im Umsatz und im Ertrag

Angewendete Strategie
- Diversifikation des Produktspektrums und Aufbau eigenständiger Geschäftsfelder

Ergebnisse
- Stark gewachsener Umsatz in den etablierten Geschäftsfeldern
- Innovation neuer Produkte und Vermarktung in einem neuen Geschäftsfeld, das bis heute rund ein Drittel des Umsatzes beiträgt
- Deutliche Erhöhung der Innovationskraft des Unternehmens

Ausgangssituation

Wachstum in der Branche technischer Drahtgewebe umzusetzen, ist bedingt durch die hohe Konkurrenzintensität und eine weitgehende Produktstandardisierung schwierig. Technische Drahtgewebe sind aus der Sicht des Herstellungsprozesses klar definiert, müssen jedoch bezüglich ihres Einsatzzweckes in unterschiedlichen Industriesegmenten differenzierten Anforderungen genügen. Die klare Fokussierung auf den Kunden und seine individuellen Bedürfnisse werden damit zum entscheidenden Faktor des Wachstums.

Die GKD – Gebr. Kufferath AG ist heute weltweiter Marktführer auf dem Gebiet von technischen Drahtgeweben, Sieb-, Press- und Transportbändern aus Metall und Kunststoff sowie Spezialgeweben für Architektur und Design.

Mitte der neunziger Jahre lieferte die GKD – Gebr. Kufferath AG für eine Vielzahl unterschiedlicher Industriesegmente ein weitgehend aus Standardprodukten bestehendes Sortiment von Metall- und Kunststoffgeweben. Damals erwirtschaftete das Unternehmen mit circa 350 Mitarbeitern einen Jahresumsatz von 30 Millionen Euro. Erhebliche Nachfragestrukturveränderungen gepaart mit internen Orientierungsproblemen bei der Ausrichtung auf sich verändernde Märkte und einer hohen organisatorischen Arbeitsteilung hatten ab Anfang der neunziger Jahre zu einem erheblichen Ertragsverfall bis hin zu deutlichen Unternehmensverlusten geführt.

In der Angebots- und Auftragsabwicklung war das Unternehmen klassisch funktionsorientiert gegliedert. Der Hauptprozess vom Vertrieb über Produktion bis hin zum Versand wurde durch die zentral organisierten Funktionen Einkauf, Qualitätswesen, IT und Finanzbuchhaltung unterstützt. Eine stark hierarchisch ausgeprägte Führungsstruktur verzögerte schnelle Entscheidungen und führte in letzter Konsequenz zu operativen Problemen. Dadurch waren unmittelbare Reaktionen auf Kundenanforderungen und die individuelle Behandlung von Kundenwünschen weitgehend ausgeschlossen.

Infolge der hohen Arbeitsteiligkeit der Prozesse war die Sensibilität der Mitarbeiter für Kundenbedürfnisse entsprechend gering ausgeprägt. Die Motivation der Mitarbeiter wurde im Wesentlichen durch äußere Faktoren gelenkt. Starrheit und Verkrustung des Systems erstickten die Innovationskraft in der Organisation.

Die Strategie

Mut zum Wandel bewiesen die Eigentümer der GKD – Gebr. Kufferath AG, als sie 1995 begannen, den seit 1925 bestehenden, konservativ strukturierten Familienbetrieb mit dem Ziel einer nachhaltigen Rückkehr zu positiven Wachstumsraten in den Erträgen und Umsätzen revolutionär zu verändern.

Mit Hilfe einer massiven Erhöhung der Innovationsfähigkeit und -kraft sowie der Verbesserung der Reaktionsfähigkeit des Unternehmens auf Kundenanforderungen sollten nicht nur die bereits vorhandenen reifen Geschäftsfelder vitalisiert, sondern auch die Grundlage für zusätzliches Wachstum in weiteren, neuen Geschäftsfeldern gelegt werden.

Zur Nutzung von Freiräumen für die Entwicklung und Entfaltung von Innovationsfähigkeit und unternehmerischem Gedankengut in der Organisation wurde ein vierstufiges Programm mit folgenden Bausteinen aufgesetzt:

- Produktdiversifikation,
- Business Process Reengineering,
- Controlling,
- Change-Management.

Produktdiversifikation

Der erste Schritt des Umgestaltungsprozesses im Rahmen eines Business Process Reengineering war die marktorientierte Ausrichtung des Unternehmens anhand von Produktfeldern. Drei Produktfelder wurden definiert:

- Sieb- und Filtertechnik (solid weave),
- Prozessbänder (weave in motion) und
- Architektur und Design (creative weave).

Mit der Fokussierung auf die Produktfelder und deren Kunden mit ihren jeweils spezifischen Anforderungen war die Basis für ein neues Vertriebs- und Absatzkonzept und damit die Diversifizierung des alten Produktes „Metallgewebe" gelegt.

Das Produktfeld Sieb- und Filtertechnik beinhaltet fest montierte Gewebeprodukte, zum Beispiel Siebe und Filter für die Getränke-, Elektronik- oder Luftfahrtindustrie. Das Segment Prozessbänder umfasst bewegte

Gewebeprodukte, unter anderem Bänder aus Metall oder Kunststoff beispielsweise für die Verarbeitung von Nahrungsmitteln. Von besonderer Bedeutung ist das Segment Architektur und Design. Mit diesem Segment ist ein neues Einsatzfeld für Metallgewebe als Spezialgewebe für dekorative Zwecke in der Architektur erschlossen worden – eine Dimension, die weit über die bisher rein technische Anwendung hinausgeht. Die Verkleidung von Wänden und Decken der französischen Nationalbibliothek in Paris mit Tausenden Quadraten von verschiedensten Edelstahlgeweben markierte den Beginn einer intensiven Zusammenarbeit mit weltweit führenden Architekten. Neben der anfangs überwiegend dekorativen Anwendung der Metallgewebe sind inzwischen viele funktionale Einsatzzwecke wie Brand- oder Sonnenschutz hinzugekommen. Da die Kundengruppe für das Produktfeld Architektur und Design keine Überschneidungen zum bisherigen Stammgeschäft hatte, war der Aufbau eines neuen Marketing- und Vertriebskanals notwendig.

Die GKD – Gebr. Kufferath AG will als Problemlösungspartner für den Kunden am Markt fungieren. Dazu hat sich eine reine produktorientierte Aufteilung in Geschäftsfelder als nicht ausreichend erwiesen. Für die konsequente Bearbeitung der definierten Märkte und Produktfelder wurde das Unternehmen in drei selbständig agierende Geschäftsbereiche untergliedert, die sich an den Produktfeldern orientieren. Um alle Prozesse des Unternehmens kundenorientiert in den jeweiligen Geschäftsbereichen auszurichten, war die Durchführung eines durchgängigen Business Process Reengineering erforderlich.

Business Process Reengineering

Im Mittelpunkt steht der Mensch: Ob Mitarbeiter, Kunde oder Lieferant, sein Leistungspotenzial ist reales Unternehmenskapital und entscheidet über den wirtschaftlichen Erfolg oder Misserfolg.

Basierend auf der Beschreibung des Leistungs- und Kundenspektrums wurden alle Haupt- und Nebenprozesse, die für die Erfüllung der Kundenbedürfnisse erforderlich waren, definiert. Für die Detaillierung der Prozesse wurden die aktuellen Tätigkeiten und Aufgaben der Mitarbeiter aufgenommen, hinsichtlich ihres Beitrags zur Wertschöpfung bewertet und Kostentreiber identifiziert. Ziel der anschließenden Neugestaltung der Haupt- und Nebenprozesse war es, die hohe Arbeitsteiligkeit zu reduzieren und zu einer ganzheitlichen Teamarbeit mit höherer Kundenorientierung zu kommen. Von besonderer Bedeutung für die zukünftige Qualität, Geschwindigkeit und Effizienz der Prozesse war die Reduzierung von Abteilungs- und Hierarchieschnittstellen. Bereits in der Gestaltung der Soll-Prozesse wurden die zukünftigen Process Owner und die betreffenden Fachspezialisten in Teamsitzungen aktiv integriert. Durch interfunktionale Teamarbeit unter möglichst vielen Gleichgestellten – nach dem „Prinzip der Runden Tische" – konnten Abteilungs- und Hierarchiebarrieren überwunden werden. Jedem einzelnen Mitarbeiter dieser Teams wurde dabei eine gleich hohe Verantwortung für ein effektives Arbeitsergebnis übertragen. Entscheidungen werden somit sachorientiert und für jeden Beteiligten nachvollziehbar getroffen.

Die Geschäftsbereiche wurden mit allen administrativen und produktionsorientierten Funktionen entlang der Wertschöpfungskette ausgestattet: Die ehemaligen Zentralfunktionen Vertrieb, Einkauf, Wareneingang/Lager, Planung und Steuerung, Produktion und Versand wurden mitarbeiterbezogen aufgetrennt und auch räumlich in die Geschäftsbereiche integriert. Zentral wurden nur wenige Funktionen belassen: Neben Finanzbuchhaltung und Personal sind EDV und die Technischen Dienste für alle Geschäftsbereiche zuständig. Die GKD – Gebr. Kufferath AG musste sich radikal sowohl von alten Zöpfen in einer funktional aufgebauten Unternehmensstruktur als auch vom Standesdünkel Einzelner trennen.

Als Ergebnis sind kleinere, hoch flexible Einheiten mit einer für jeden einzelnen Mitarbeiter deutlich spürbaren Nähe zum Kunden entstanden. Mit dem Ziel der absoluten Kundenzufriedenheit sind somit sämtliche Prozesse auf die Bedürfnisse des Produktabnehmers ausgerichtet. Die Geschäftsbereiche agieren mit ihren Mitarbeitern eigenständig und ergebnisverantwortlich. Im Rahmen der durchgängigen produktprozessorientierten Struktur können Make-or-buy-Entscheidungen gefällt oder neue Kooperationen aufgebaut werden.

Controlling

Der Begriff „Kunde" ist bei der GKD – Gebr. Kufferath AG intern wie extern zu verstehen und ebenso gültig für Mitarbeiterinnen und Mitarbeiter wie auch für Lieferanten. Das bedeutet, dass alle Stufen der Wertschöpfungskette – angefangen von der Beschaffung über die Produktion und Auslieferung bis zum Service – auf eine höchstmögliche Leistung ausgerichtet sind. Dabei steht „Agieren statt Reagieren" im Sinne einer konsequenten Marktausrichtung an erster Stelle.

Die Sicherstellung eines dauerhaften Erfolges macht die Transparenz und die Messbarkeit von Erfolgen/Misserfolgen für das Unternehmen, für die Geschäftsbereiche und für die beteiligten Einheiten zwingend erforderlich. Die Geschäftsbereiche und Mitarbeiter müssen hinsichtlich ihres Handelns bewertet und im Sinne von Motivation belohnt werden. Dank eines im Rahmen der Umstrukturierung neu gebildeten Controllingsystems sind die Ergebnisse dieses Handelns auch monetär direkt ablesbar und gegebenenfalls zu korrigieren. Die Transparenz der Zahlen über alle Hierarchieebenen und über alle Funktionen hinweg ist zu einer wesentlichen Säule des Change-Management-Prozesses geworden.

Das Controlling der GKD – Gebr. Kufferath AG ist heute in der Lage, einige Werktage nach dem Monatsabschluss – trotz zum Teil komplexer Lohnabrechnungsformen – die Geschäftsbereiche mit allen als Entscheidungsgrundlage notwendigen Informationen zum Geschäftsverlauf zu versorgen.

Change-Management

Die Neugestaltung des Unternehmens hat zu einer deutlichen Erhöhung der Motivation aller Mitarbeiter auf allen Ebenen geführt. Das Führungsgremium der GKD – Gebr. Kufferath AG besteht aus insgesamt zehn Mitgliedern: zwei Vorständen, jeweils einem kaufmännischen und einem technischen Leiter der drei Geschäftsbereiche sowie dem Leiter Personalwesen und dem Leiter Finanz- und Rechnungswesen. Aufgrund der hohen Eigenständigkeit der Geschäftsbereiche haben die entsprechenden Leitungsfunktionen bis auf die Abstimmung der Investitions- oder Standortstrategien viel Freiraum; letztlich entscheidend ist der Kundennutzen. Die Führungskräfte sind mit über 20 Prozent ihres Gehalts am Ergebnis des Unternehmens und des jeweiligen Geschäftsbereichs beteiligt.

Im Rahmen des Business Process Reengineering wurden „Runde Tische" zur Lösung fachübergreifender Probleme eingeführt. Dabei wurde das Ziel verfolgt, die Mitarbeiter bei der Entwicklung von Kundenlösungen aktiv zu integrieren. Diese „Runden Tische" sind inzwischen fester Bestandteil der Organisation.

In allen Produktionsbereichen ist der kontinuierliche Verbesserungsprozess etabliert. Mit Hilfe eines Train-the-Trainer-Konzepts sind Moderatoren aus verschiedenen Bereichen geschult worden. Jeder Mitarbeiter hat heute Transparenz hinsichtlich der aktuellen Situation seines Geschäftsbereiches. Als ein noch größerer Motivationsfaktor hat sich die Nähe der Mitarbeiter zu ihren Kunden herausgestellt. Die Identifikation der Mitarbeiter mit ihren Produkten und der intensive Kontakt zu den Kunden haben zu einer deutlichen Leistungssteigerung geführt. Die

Verbesserungsmaßnahmen bei der GKD – Gebr. Kufferath AG laufen kontinuierlich weiter und schlagen sich auch in räumlichen Veränderungen nieder. So wurde der Fertigungprozess in Düren durch Um- und Neubauten optimiert: Produktionsschritte sind jetzt unmittelbar hintereinander geschaltet, mit der Folge einer – dank verkürzter Lager- und Liegezeiten – wesentlich schnelleren Abwicklung.

Auf dem Weg zu einem neuen Unternehmen hatte die GKD – Gebr. Kufferath AG auch Rückschläge zu überwinden. So galt es zum Beispiel, die Aufgeschlossenheit für Neues zu kultivieren, eine intensive inner- und außerbetriebliche Kommunikation zu fördern und die Unannehmlichkeit zu akzeptieren, Arbeiten wieder selbst zu übernehmen statt zu delegieren. Das Unternehmen hat aus seinen Fehlern gelernt und kann heute auf ein Zwischenergebnis verweisen, das sich sehen lassen kann.

Nachhaltigkeit

Die GKD – Gebr. Kufferath AG befindet sich mittlerweile im achten Jahr nach der Umstrukturierung. Die stetige Steigerung des Umsatzes, nicht nur in dem neu gegründeten Geschäftsbereich Architektur und Design, sondern auch in den angestammten Geschäftsbereichen, beweist die Nachhaltigkeit des eingeschlagenen Weges.

Das mittlere Management hat die Führungsrolle aktiv angenommen. Bei den Mitarbeitern ist der Umgang mit den Kunden zu einem Teil der Unternehmenskultur geworden. Die konsequente Ausrichtung an den Kundenbedürfnissen hat die GKD – Gebr. Kufferath AG zu einem geschätzten Partner ihrer Kunden gemacht. Im Fokus der Marktbearbeitung stehen keine qualitativ geringwertigen Massenwaren, sondern qualitativ hochwertige Nischenprodukte, die in Zusammenarbeit mit dem Kunden entstehen. Die Anzahl der durch die GKD – Gebr. Kufferath AG angemeldeten Patente oder der mit dem Kunden vereinbarten Vertraulichkeitsvereinbarungen sowie Schutzrechte sind in den letzten Jahren stark angestiegen und haben sich mehr als vervierfacht.

Die Unternehmensstrategie der GKD – Gebr. Kufferath AG zeigt eindeutig: Wachstum ist am Kunden ausgerichtet. Die weltweite Nähe zum Kunden ist ein zwingender Erfolgsfaktor und schlägt sich auch in der Gründung von mehreren Tochtergesellschaften in den Kundenmärkten nieder. Die Exportquote des Unternehmens liegt heute bei nahezu 60 Prozent. Das Stammhaus in Düren dient als Technologiezentrum und Ideenschmiede.

Barrieren und Motivatoren

Bei der erfolgreichen Umgestaltung der GKD – Gebr. Kufferath AG zu einem wachstumsorientierten Unternehmen haben sich nachfolgende Barrieren und Motivatoren als wesentlich herausgestellt:

Abbildung 1: Barrieren und Motivatoren

Gelingt die Umgestaltung des Unternehmens nachhaltig, sind die qualitativen Chancen Grundlage für die dauerhafte Sicherung von Wachstum. Misslingt die Umgestaltung, haben die Risiken eine ähnliche Tragweite mit umgekehrtem Vorzeichen und zerstören die neuerliche Veränderungsbereitschaft der Organisation (Abbildung 2).

Fazit

Mit der Neugestaltung des Unternehmens hat die GKD – Gebr. Kufferath AG einen Weg eingeschlagen, der zu viel mehr als nur zu einer deutlichen Umsatzsteigerung geführt hat. Aufgrund der starken weltweiten Marktnähe ist man heute in der Lage, schnell die Anforderungen der Märkte aufzunehmen und in kundenorientierte Lösungen umzuwandeln. Dem Unternehmen ist es gelungen, die bereits vorhandenen Geschäftsfelder zu reaktivieren und ein drittes erfolgreiches Geschäftsfeld

Abbildung 2: Chancen und Risiken

mit Spezialgeweben für dekorative und funktionale Zwecke im Architekturbereich zu entwickeln. Heute stützt sich das Unternehmen auf drei nahezu gleich große Geschäftsfelder und konnte seinen Umsatz um 62 Prozent gegenüber 1995 auf nunmehr 48,5 Millionen Euro in 2003 steigern. Für seine Innovationsfähigkeit wurde es mit dem Stahl-Innovationspreis ausgezeichnet.

Die GKD – Gebr. Kufferath AG ist ein international gefragter, effizienter Geschäftspartner, der engagiert und kundenindividuell mit seinen Produkten am Markt agiert. In weniger als anderthalb Jahren hat es der Spezialist für Metall- und Kunststoffgewebe durch eine konsequente Umgestaltung geschafft, deutliche Produktivitätszuwächse zu erreichen und das Bestreben nach einer permanenten Ausrichtung von Produkten, Prozessen und Organisation am Kunden in der Unternehmenskultur zu verankern.

Wachstum durch Supply Navigation

Axel Kiepen / Adrian Seeger

Ausgangssituation
- Massive Reduzierung der Wertschöpfungstiefe in allen Industrien mit der Folge des deutlichen Anstiegs der Einkaufsvolumina
- Stark steigende Komplexität in der Beschaffung
- Notwendigkeit, nachhaltig positive Beiträge zum Unternehmensergebnis durch die Beschaffung sicherzustellen

Angewendete Strategie
- Einführung des Beschaffungssteuerungssystems „Beschaffungsnavigation" zur fokussierten Bearbeitung der Beschaffungsaufgaben und zielgerichteten Sicherstellung nachhaltiger Einsparpotenziale

Ergebnisse
- Gesicherte Erreichung der notwendigen Ergebnisbeiträge der Beschaffung
- Reduzierte Aufwendungen im Prozess durch verstärkte Nutzung von elektronischen Systemen
- Start systematischer Lieferantenentwicklung und -integration
- Beschaffung fungiert als ein gefragter Ansprechpartner für technische Abteilungen

Die Reduzierung der Wertschöpfungstiefe

Unternehmen reduzieren die eigene Wertschöpfung in einem noch nie bekannten Umfang. Quer durch alle Branchen beträgt die Wertschöpfung heute nur noch 40 bis 50 Prozent. Ein Blick in die Praxis unterstreicht diesen Trend eindrucksvoll:

- Hewlett Packard hat seine Produktion komplett ausgelagert,
- der Sportartikelhersteller Adidas folgt Nike und konzentriert sich ausschließlich auf F&E sowie Marketing,
- die Pharmaunternehmen Aventis, Bayer und Merck – mit traditionell hohen eigenen Wertschöpfungstiefen – vertrauen ihre Produktion gentechnischer Arzneimittel Spezialisten wie Boehringer Ingelheim an,
- das stahlerzeugende Unternehmen Hüttenwerke Krupp Mannesmann (HKM) – mit über fünf Millionen Tonnen Produktion die Nummer zwei in Deutschland – konzentriert sich auf seine Kernkompetenzen und kauft vermehrt zu.

Der verbleibende Teil der Wertschöpfung wird zugekauft, was einen immensen Bedeutungszuwachs des Einkaufs erzeugt, indem ihm aufgrund hoher Zukaufanteile ein großer Hebel zur Kosteneinsparung obliegt. Eine 1-prozentige Reduzierung der Einkaufsvolumina entspricht beispielsweise im Maschinenbau einer Verbesserung des Betriebsergebnisses um über 10 Prozent, im Handel oder im Bau sogar

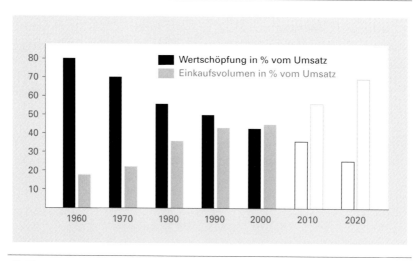

Abbildung 1: Veränderung der Wertschöpfung und des Einkaufsvolumens

einer Verbesserung von über 30 Prozent. Über alle Branchen betrachtet, beträgt die durchschnittliche EBIT-Verbesserung 18 Prozent bei einer 1-prozentigen Reduzierung des Einkaufsvolumens.

Vom Einkauf zum Supply-Management

Der klassische Einkauf hat sich auf diese Veränderungen in den vergangenen Jahren eingestellt und verstärkt Managementkonzepte weiterentwickelt. Das traditionelle Verständnis – zu einem bestimmten Zeitpunkt einen definierten Bedarf zu decken – ist jedoch bis heute ungebrochen, obwohl diese rein administrative Beschreibung schon lange nicht mehr ausreicht, um die notwendigen Aufgaben zu definieren. Der Einkauf und die Beschaffung müssen heute vielmehr als übergreifender Managementansatz verstanden werden, der interne als auch externe Wertschöpfungsketten managt. Die Umbenennung der amerikanischen „National Association of Purchaising Management" in „Instutite for Supply Management™" im Jahre 2002 bestätigt diesen Wandel.

Im Zentrum dieses neuen Verständnisses stehen sowohl wirtschaftliche als auch technische Aktivitäten, um Potenziale aus ungebundenen Lieferantenbeziehungen, aber auch Chancen aus langfristig orientierten Partnerschaften zu generieren. Die damit einhergehende (neue und stark wachsende) Komplexität in Funktion und Prozess mündet im Supply-Management – dem ganzheitlichen Management der Wertschöpfungskette – und stellt neue Anforderungen an die Strategie, die Prozesse, die Qualifikation und den Markt. Viele Arbeitsweisen kommen auf den Prüfstand und werden mit immer höheren Geschwindigkeiten angepasst oder neu entworfen. Supply-Management ist als ganzheitlicher Managementansatz aufzufassen, der genauso wie andere Unternehmensfunktionen navigiert werden muss.

Supply Navigation

Die effektive und effiziente Navigation des Supply-Managements spielt eine bedeutende Rolle. Jedoch ist im Unterschied zu anderen Teildisziplinen diese Funktion im Einkauf oft unterentwickelt oder einseitig auf die Messung von Einkaufspreisreduzierungen ex post herabgesetzt. Das Zustandekommen dieser Einsparungen wird selten hinterfragt, genauso werden Maßnahmen für zukünftige Optimierungen nur für ausgewählte Projekte entwickelt. Die stetig steigende Komplexität in den Einkaufsfunktionen verstärkt die Ausweitung dieses Defizits und erfordert neue Systeme mit den Zielen,

- die Reaktionszeiten zu verbessern,
- die Anpassungsfähigkeit zu beschleunigen und
- die Koordinationsfähigkeit zu professionalisieren,

um nicht zuletzt Topmanagement-Entscheidungen zu unterstützen. Ein ausgewogenes, viele Einflüsse abdeckendes Controlling zur optimalen Steuerung des Supply-Managements ist dabei das anzustrebende Ergebnis, wenn nachhaltig Wachstumspotenziale realisiert werden sollen.

Die Hüttenwerke Krupp Mannesmann GmbH (HKM) haben ein Supply-Navigation-System für die Anforderungen der Stahlindustrie entwickelt und etabliert. Hiermit wird heute das ganzheitliche Management in Einkauf und Materialwirtschaft ermöglicht. Bei einem Beschaffungsvolumen in Höhe von circa 200 Millionen Euro in den Feldern Investitionsgüter, Reserveteile, C-Artikel, Facility Management und Logistikleistungen sowie sonstige Dienstleistungen bestehen rund 2.800 Lieferantenbeziehungen, die mit knapp 36.000 Vorgängen im Jahr bearbeitet werden. Diese Komplexität erfordert ein zielgerichtetes und konsequentes Management, um die genannten Ziele zu erreichen und nachhaltig Potenziale zu realisieren. Das Supply-Navigation-System ist ein bedeutendes Werkzeug auf diesem Wege.

Supply-Strategie als Basis

Optimierungen in der Beschaffung zur Generierung von Einsparung mit dem Ziel der Umsetzung von Wachstumsstrategien sind vielfach in Ansätzen vorhanden. Die differenzierte Marktbearbeitung als Grundlage wird oft durch bekannte Konzepte wie das Global Sourcing (der weltweite Einkauf), E-Procurement (Beschaffung der Daten via Internet) oder das Investitionsmanagement ergänzt. Diese Konzepte sind jedoch nur dann überzeugend, wenn sie in einem System kombiniert werden, das die erzielten Ergebnisse nachhaltig sicherstellt und zusätzlich neue Potenziale erschließt. Daraus folgt: Einflüsse marktseitiger Veränderungen müssen mit unternehmensinternen Prozessen und Zielen verknüpft werden, um ihren Wirkungszusammenhang zu begreifen und abzuleitende Konsequenzen für das Supply-Management offenzulegen.

Ausgangspunkt für diese Überlegungen ist die strategische Landkarte, die einen elementaren Überblick über die komplexen Zusammenhänge

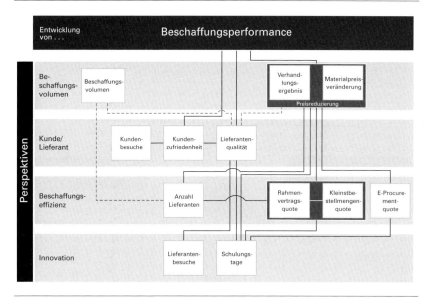

Abbildung 2: Strategische Landkarte des Supply-Managements

im Supply-Management gibt. Sie ist Basis beim Aufbau der Supply Navigation und bietet dem Management und den Mitarbeitern einen Leitfaden zur effizienten und effektiven Steuerung.

Ein Modell, das dieser Steuerungsnotwendigkeit entspricht, ist die Supply Navigation. In Analogie zur Balanced Scorecard ermöglicht sie es, qualitative und quantitative Elemente zu verbinden und damit die mehrdimensionale Zielsteuerung unter Berücksichtigung von Redundanzen und Zielkonflikten zuzulassen, um so nachhaltig und stabil Potenziale realisieren zu können.

Elemente der Supply Navigation

Die Supply Navigation erfasst die ansteigende Komplexität in vier komplementären Perspektiven mit verschiedenen Messziffern. Dabei werden folgende Perspektiven unterschieden:

- Die Perspektive „Beschaffungsvolumen" fokussiert die Entwicklung und den Potenzialbeitrag des Einkaufs zum Unternehmenserfolg.
- Die Perspektive „Beschaffungseffizienz" stellt die Veränderung der Beschaffungsvorgänge nach Menge und Struktur dar.

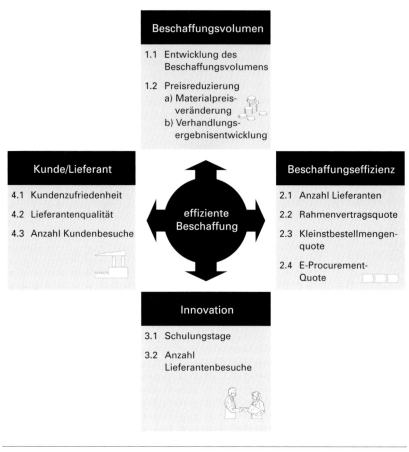

Abbildung 3: Perspektiven der Supply Navigation

- Die Perspektive „Innovation" umfasst alle Aktivitäten, die zur Verbesserung der Qualität in der Beschaffung führen und von außen über den Einkauf in das Unternehmen getragen werden.
- Die Perspektive „Kunde/Lieferant" integriert die Lieferantenqualität und die Kundenbedürfnisse in die Beschaffungsaktivitäten.

Die Wahl der Kennziffern ist entsprechend der Zielsetzung und Ausgangssituation des Unternehmens anzupassen und branchenspezifisch zu spezifizieren. Im Zentrum der Überlegungen steht dabei stets die Anforderung des ganzheitlichen Überblicks über das Supply-Management. Dabei gilt zu beachten: Perspektiven und Kennzahlen des Systems sind prinzipiell nicht als gleichgewichtig aufzufassen, sie können einen direkten oder indirekten Bezug zur Potenzialrealisierung haben. Ihre Implementierung in der Supply Navigation erfordert operative Klarheit, um die strategischen Überlegungen schnell und einfach in Handlungsempfehlungen überführen zu können. Vor dem Hintergrund dieser Anforderungen hat HKM Kennzahlen in den beschriebenen Perspektiven entwickelt, die es ermöglichen, das System zügig einzuführen, um Potenziale zu realisieren.

Beschaffungsvolumen und -ergebnis

Die Perspektive Beschaffungsvolumen und -ergebnis hat einen quantitativen Charakter und umfasst die Elemente Entwicklung des Beschaffungsvolumens und den Beschaffungserfolg als Ergebnisbeitrag des Einkaufs für Wachstum. Dabei ist die Verhandlungsergebnisentwicklung besonders hervorzuheben, weil sie gegenüber traditionellen Steuerungssystemen die Möglichkeit bietet, zusätzlich Kerntätigkeiten des Einkaufs – die Marktbearbeitung und Lieferantenentwicklung – zu bewerten. Sie stellt die Resultate des Einkaufsprozesses – das Ergebnis der Verhandlung – dar, indem Abschlusspreise mit vorhandenen Altpreisen (Ergebnisbeitrag) oder günstigsten – technisch entsprechenden – Angeboten (Marktergebnis) verglichen werden. Im Fall vorhandener Altpreise entsteht bei Unterschreitungen des Altpreises ein positiver Ergebnisbeitrag und somit ein neues Wachstumspotenzial gegenüber der Planung und umgekehrt. Darüber hinaus dient die Verhandlungsergebnisentwicklung als Indikator für Preiselastizität am Beschaffungsmarkt und Qualität der Verhandlung. Ihr Einsatz ist am effektivsten, wo nur in geringem Umfang verschlüsseltes Material, das heißt instandhaltungsintensive Güter und Leistungen, beschafft wird.

Geringwertige Materialien mit Systemerfassung durch Materialnummern werden einfacher durch die Materialpreisveränderung erfasst. Diese Systematik gleicht die spezifischen Altpreise mit den aktuellen Daten ab. Der so gebildete Warenkorb ist bei negativer Abweichung als Ergebnisbeitrag gegenüber der Planung zu bewerten.

Ergebnisse bei HKM:

Durch Einführung einer konsequenten Messung der Ergebnisbeiträge wurde die Sensibilität für die Konsequenzen des eigenen Handelns transparenter und zugleich wurden Innovationsprozesse gestartet. Im Resultat konnten alle Ziele erreicht, in Teilbereichen sogar um bis zu 15 Prozent übertroffen werden.

Beschaffungseffizienz

Die Beschaffungseffizienz fokussiert Strukturen und Prozesse der Beschaffung als Grundvoraussetzung für Veränderungen in der Marktbearbeitung und der aktiven Lieferantenentwicklung. Dabei sind diejenigen Prozesskennzahlen von Bedeutung, die die administrativen Vorgänge beleuchten. Neben der Anzahl der Lieferanten sowie der wertmäßigen Rahmenvertrags- und Kleinstbestellmengenquote ist die E-Procurement-Quote von besonderer Bedeutung. Sie stellt das über elektronische Systeme (Kataloge, Marktplätze etc.) abgewickelte Einkaufsvolumen dem Gesamtvolumen gegenüber und ist neben den anderen Kennzahlen ein Indikator für die effiziente Abwicklung der Beschaffungsprozesse. Die Kennzahlen sind eine wesentliche Grundlage zur Verbesserung der Einkaufseffizienz. Ihre richtige Ausgestaltung ist der Ausgangspunkt für die nachhaltige Nutzung von Möglichkeiten der aktiven Lieferantenentwicklung und strategischen Marktbearbeitung. Das aktuelle Niveau ermöglicht somit Rückschlüsse auf Chancen zur Potenzialverbesserung.

Ergebnisse bei HKM:

Das Verständnis für den Wirkungszusammenhang im komplexen Gebilde Beschaffung wurde deutlich erhöht. Selbststeuerungsmechanismen setzten ein und die konsequente Maßnahmenbearbeitung wurde dynamischer. So konnte beispielsweise die E-Procurement-Quote auf knapp 10 Prozent des Beschaffungsvolumens gesteigert werden. Parallel dazu nahm die Anzahl der Lieferantenbeziehungen um circa 35 Prozent ab, was Freiraum für neue kreative Ideen schaffte, wie zum Beispiel die Einschaltung eines MRO-Teile-Dienstleisters (Maintenance, Repair, Operations) – eines Versorgungsdienstleisters für allgemeinen Industriebedarf wie beispielsweise Arbeitsschutzmaterial.

Innovation

Die Innovation als dritte Perspektive der Supply Navigation legt den Schwerpunkt auf den konsequenten und permanenten Auf- und Ausbau der Qualifikation im Einkauf. Dabei spielen die absolvierten Schulungstage eine besondere Rolle, um auch zukünftig den komplexeren Kundenanforderungen gerecht zu werden und Marktentwicklungen (zum Beispiel mit elektronischen Medien) adaptieren zu können. Sie sind die Basis für individuelle Weiterbildung im Gleichklang fachlicher, methodischer und sozialer Ziele des Mitarbeiters.

Die Besuche der Lieferanten sind ein weiterer wichtiger Baustein im Aufbau der Qualifikation. Diese Kennzahl wird nur selten überwacht, obwohl der strukturierte Lieferantenbesuch stärkere Impulse und Ideen für zukünftige Potenziale erzeugen kann als theoretisch orientierte Schulungen. Lieferantenbesuche eignen sich zudem im Hinblick auf potenzielle Integrationsmaßnahmen besonders, da sie das Fundament für die optimale Lieferantenentwicklung und nachhaltigen Potenziale schaffen. Die Besuche sind die Basis für Lieferantenbewertungen und eine Grundlage für Jahresgespräche und Audits mit dem Ziel des Aufbaus von Wertschöpfungspartnerschaften.

Ergebnisse bei HKM:

Neben einer fokussierten Realisierung fachspezifischer Weiterbildungen nahm das Marktwissen der Mitarbeiter deutlich zu. Bisherige Lieferantenbewertungen wurden detaillierter und ermöglichten den Start von Wertschöpfungspartnerschaften beispielsweise im Bereich der Beschaffung von Instandhaltungsleistungen. Vormalige positive Einschätzungen wurden revidiert und verstärkten die Konzentration auf leistungsfähige Partner in der Wertschöpfungskette.

Kunde/Lieferant

Die Perspektive Kunde/Lieferant fokussiert eine im Einkauf zu selten betrachtete Dimension, denn nach der Zufriedenheit der internen Kunden wird meist nicht gefragt. Diese im Vertrieb übliche Sichtweise hat sich im Einkauf noch nicht durchgesetzt und begrenzt sich auf persönliche Kontakte der Beteiligten. Damit wird die ganzheitliche Optimierung der Supply Chain im Sinne des Kunden durchbrochen, indem Informationen nur sequenziell weitergegeben werden. Die Perspektive bedarf Daten, die nur selten in Systemen bereitgestellt werden. Einzig ist hier die Lieferantenqualität aufzuführen, die üblicherweise in einem Lieferantenbewertungssystem abgebildet wird. Sie gibt Aufschluss über das Entwicklungsstadium, indem sich der Lieferant befindet, und zeigt dem Einkauf Handlungsalternativen für die zukünftige Zusammenarbeit auf.

Der Einkauf der Zukunft muss sich den Bedürfnissen seiner Kunden (wie der Produktion, der Logistik, den administrativen Abteilungen usw.) stellen. Daher zielt die Kennzahl Kundenzufriedenheit auf die systematische Kommunikation zwischen Einkauf und anderen Abteilungen, um gemeinsam Optimierungspotenziale in der Wertschöpfungskette zu entwickeln, gleichzeitig die Akzeptanz und Bedeutung des Einkaufs zu fördern und die Erwartungen der Kunden aufzudecken. Eine strukturierte Kundenbefragung zur Ableitung der Kundenzufriedenheit muss daher Bestandteil einer ganzheitlichen Supply Navigation sein, die dazu beitragen soll, die Effizienz im Einkauf zu erhöhen und nachhaltig Verbesserungen zu schaffen. Das Ergebnis der Befragung ergibt zusammengefasst den Kundenzufriedenheitsindex als Anhaltspunkt für die Qualität der Beschaffung durch den Einkauf. Die Kennzahl ist – ebenso wie die Kennzahl Lieferantenbesuche – um die Anzahl der Kundenbesuche zu ergänzen. Denn die direkten Kontakte zum Kunden bringen für den Einkauf ein besseres Verständnis für Anforderungen und Probleme. Zusammen mit den Lieferantenbesuchen wird dann das Bindeglied Supply-Management zwischen Markt und Kunde aktiviert.

Ergebnisse bei HKM:

Das Verständnis für den Einkauf und seine zukünftige Funktion wurde geschärft, die Zusammenarbeit zwischen den Beteiligten durch strukturierte Befragungen verbessert. Insgesamt hat der Einkauf mit dieser (mutigen) Maßnahme seine Position im Gesamtunternehmen deutlich gestärkt – er ist heute ein gefragter Partner in komplexen Projekten.

Implementierung

Die Implementierung der Methodik Supply Navigation muss zwei wesentliche Anforderungen erfüllen:

1. Anpassung an die Informations- und Steuerungsbedürfnisse jeder Hierarchiestufe sowie
2. Einfachheit der Datenerhebung und Pflege des Systems.

Die Anpassung an Informations- und Steuerungsbedürfnisse der Hierarchiestufen macht es erforderlich, die Darstellung der Navigation für die verschiedenen Empfänger zu differenzieren und Veränderungen gegenüber dem Ziel darzustellen. In der Praxis bieten sich einfache Darstellungen in Form von Säulen- und Stapeldiagrammen an, die im Zeitverlauf kumuliert werden und die Entwicklung der Kennzahlen anzeigen. Die Darstellungen sind mit den entsprechenden Zielen zu verbinden. Im Zeitverlauf werden auf diese Weise die Annäherungen an das Ziel deutlich und Abweichungen frühzeitig erkannt.

Beispiel Beschaffungsprozesse						
Organisationseinheit	Bereich AB	Abt. A	T1	T2	Abt. B	T1
Kennzahlen						
2.1 Anzahl Lieferanten						
MAX	2.134	1.856	571	579	278	161
IST	2.282	1.982	639	597	300	181
Zielereichungsgrad	94,0 %	93,0 %	89,0 %	96,0 %	93,0 %	88,0 %
2.2 Rahmenvertragsquote						
SOLL	38,0 %	33,0 %	10,0 %	50,0 %	43,0 %	9,0 %
IST	38,0 %	32,0 %	12,0 %	47,0 %	44,0 %	11,0 %
Zielereichungsgrad	100,0 %	96,0 %	120,0 %	94,0 %	101,0 %	119,0 %
2.3 Kleinstbestellquote						
MAX	14,0 %	24,0 %	20,0 %	20,0 %	3,0 %	4,0 %
IST	15,0 %	25,0 %	18,0 %	23,0 %	4,0 %	3,0 %
Zielereichungsgrad	93,0 %	96,0 %	111,0 %	86,0 %	75,0 %	132,0 %
2.4 E-Procurement-Quote			–	–		–
SOLL	1,4 %	1,7 %			1,0 %	
IST	1,2 %	1,5 %	0,4 %	3,6 %	0,8 %	0,8 %
Zielereichungsgrad	82,0 %	90,0 %			80,0 %	
		grün ▬ > 100 %		gelb ▬ > 90 %		rot ▬ < 90 %

Abbildung 4: Navigationscockpit zur Managementsteuerung

Das Management benötigt neben Detailausführungen vor allem die Darstellung der Entwicklung von Kennzahlen in aggregierter Form. Gefordert sind ein schneller Überblick über die Performance der einzelnen Hierarchieebenen, die Entwicklungstendenzen und schnelle Vergleiche zwischen den Einheiten. Dieses Instrument muss eine schnelle Reaktion ermöglichen. Daher bietet sich als Darstellungsform die „Ampelfunktion" an.

Kennzahlensysteme funktionieren nur dann, wenn die Ergebnisse kommuniziert werden. Die Erfolge müssen visualisiert und jedem Mitarbeiter, jedem Kunden und Lieferanten zugänglich gemacht werden. HKM setzt heute Schaukästen ein, nutzt das Intranet und kommuniziert zusätzlich über die Mitarbeiterzeitschrift.

Fazit

Die steigende Bedeutung des Einkaufs geht mit dem Wandel zum Supply-Management einher. Die Aufgabe, nachhaltig positive Beiträge zum Unternehmensergebnis zu schaffen, erfordert bei stetig steigender Komplexität ein mehrdimensionales Steuerungssystem, das Einflüsse auf die Ergebnisentwicklung sowie die realisierten Erfolge darstellt und das Management ganzheitlich informiert.

Die Supply Navigation erfüllt diese Anforderungen als einfaches, praxisorientiertes System und enthält als Zielsystem die Perspektiven Beschaffungsvolumen, Beschaffungseffizienz, Innovation und Kunden/Lieferanten. Sie ist verständlich und in ihrer Erhebung nachvollziehbar gestaltet. Die Selbstdarstellung einzelner Organisationseinheiten wird hiermit ermöglicht und die Identifikation und das Verständnis der ganzheitlichen Bedeutung der Beschaffung in der Supply Chain für alle Beteiligten nachhaltig entwickelt.

Ihre Umsetzung wurde nicht in komplizierten Software-Programmierungen gefunden, sondern in Standardlösungen. Die richtige Auswahl von Kennzahlen, die Dimensionierung der Ziele sowie eine offene Kommunikation der Ergebnisse sind dabei die entscheidenden Erfolgsfaktoren.

HKM hat mit der Supply Navigation ein für die Stahlindustrie sehr innovatives System entwickelt und implementiert. Hiermit wurde der Bedeutung des Einkaufs Rechnung getragen und wurden neben deutlichen Prozessvereinfachungen erhebliche Potenziale für neues Wachstum freigesetzt. Seit Einführung der Lösung konnten auf diesem Wege – über die geplante Zielerreichung hinaus – weitere Einsparungen in Höhe von über 2,5 Prozent des Beschaffungsvolumens realisiert werden.

Wachstum durch effiziente Logistik

E.-Hermann Krog / Andrea Lochmahr / Wilfried Budke / Lothar Schneid

Ausgangssituation
- Steigende Anforderungen der Kunden
- Wachsende Modell- und Variantenvielfalt führt zu einem immer breiteren Produktprogramm
- Stark verkürzte Produktlebenszyklen führen zu stark steigender Komplexität in der logistischen Kette

Angewendete Strategie
- Definition logistischer Handlungsfelder unter Berücksichtigung folgender Erfolgsfaktoren:
  - Frühzeitige Einbindung der logistischen Planung im Produktentstehungsprozess
  - Entwicklung und Einführung einer marken- und standortübergreifenden Logistikplattform mit einheitlichen Logistikstandards
  - Neudefinition der Rolle der Logistik als Prozessgestalter und Prozessinnovator im gesamten Versorgungsnetzwerk

Ergebnisse
- Deutliche Verbesserung des Unternehmenswertes und Verbesserung der Ergebnisse durch die Logistik durch:
  - Intensiverer Kundenorientierung
  - Hoher Adaptivität
  - Großer Flexibilität

Die Audi AG im globalen Wachstum

Die Reaktionsfähigkeit auf marktliche Veränderungen wird in einem dynamischen und globalen Umfeld für Automobilunternehmen zu einem entscheidenden Wettbewerbsvorteil. Diese Tatsache konfrontiert die Unternehmen mit der Anforderung, unternehmensübergreifende Logistikstrukturen zu beherrschen. Von entscheidender Bedeutung wird zukünftig die Schnelligkeit sein, mit der die Unternehmen ihre Logistikprozesse an die geänderten Marktbedingungen anpassen.

Die AUDI AG als eines der traditionsreichsten Automobilunternehmen führt die sportlich ausgerichtete Markengruppe im Volkswagen-Konzern mit den Marken Audi, Seat und Lamborghini. Die Marke Audi hat sich auf dem Weltautomobilmarkt behauptet und mit dem Auslieferungsrekord von 2003 den Absatz im zehnten Jahr in Folge um 3,7 Prozent auf weltweit 769.893 Fahrzeuge gesteigert.

Neben der kontinuierlichen Modernisierung und dem Ausbau der beiden deutschen Standorte Ingolstadt und Neckarsulm wurde auch konsequent in neue Standorte im Ausland investiert. So fertigt Audi im ungarischen Györ Motoren sowie den Audi TT. Im Werk Changchun in China rollen eine spezielle Version des Audi A6 sowie der Audi A4 von den Bändern. In Brasilien wird in Curitiba der Audi A3 für den lokalen Markt gefertigt.

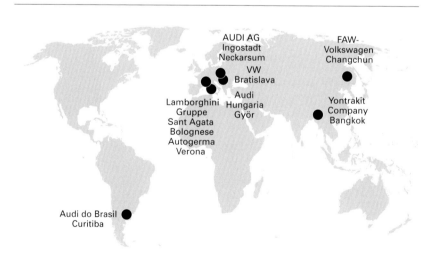

Abbildung 1: Standorte Audi

Der Erwerb des Sportwagenherstellers Lamborghini diente dem Ausbau der sportlich-exklusiven Ausrichtung der Markenwerte und dem Markenanspruch „Vorsprung durch Technik".

Mit neuen Modellen verfolgt Audi im Jahr 2003 die Wachstums- und Ertragsstrategie weiter. Es wird in die Entwicklung neuer Modelle investiert und das Markenimage durch die Akzentuierung der Markenwerte Sportlichkeit und Hochwertigkeit verbessert. In 2004 sind es vor allem der neue Audi A6 sowie der Audi A3 Sportback, die zu einer Steigerung bei den Fahrzeugauslieferungen beitragen sollen.

In den nächsten Jahren wird die Fahrzeugproduktion insbesondere in der Region Asien-Pazifik wachsen. Der Anteil der CKD- und SKD-Produktion (CKD = completely-knocked-down, d.h. vollständig zerlegtes Fahrzeug, das vor Ort montiert wird; SKD = semi-knocked-down, d.h. teilweise zerlegtes Fahrzeug) wird dabei zunehmen.

Herausforderungen für die Logistik

Die Automobilindustrie unterliegt einem stärker werdenden Wettbewerb. Aufgrund steigender Kundenanforderungen entsteht ein breiteres Produktangebot in Form einer höheren Varianten- und Modellvielfalt und kürzer werdenden Modellzyklen.

Die große Zahl verschiedener Motorisierungen, Getriebevarianten, Sondereditionen und Nischenmodelle verstärken den Koordinationsbedarf in der logistischen Kette. Dies bedingt zunehmend neue Konzepte der Planung und Steuerung insbesondere innerhalb der Organisationsbereiche Einkauf, Logistik und Produktion. Neue Prozesse in der Zusammenarbeit zwischen Hersteller, Logistikdienstleister und Zulieferer werden erforderlich, um in Verbindung mit innovativen Technologien eine effiziente Prozessunterstützung zu gewährleisten.

Die Logistik muss sich steigenden Marktanforderungen stellen und sich an der Beherrschung einer wachsenden Produkt- und Prozesskomplexität orientieren. Zusammengefasst sind dies im Einzelnen:

- die Beherrschung der gestiegenen Kundenanforderungen an einen Premiumhersteller in Form von hoher Liefertermintreue, kurzer Lieferzeit und langer Änderungsflexibilität;
- die Ausweitung des Produktangebotes bei einer zunehmenden Anzahl von Nischen- und Sondermodellen;
- kurze Modellzyklen und kurze Produktentwicklungsphasen mit steilen Anlaufkurven;

- der Ausbau bestehender Produktionsstandorte sowie die Investition in neue Produktionsstandorte insbesondere im Raum Asien/Pazifik;
- die Erweiterung der Absatzkanäle in den Wachstumsmärkten der Zukunft (Indien, Osteuropa etc.);
- die Öffnung der Märkte auch auf der Beschaffungsseite durch die weltweite Globalisierung und
- die Umsetzung von Produkt- und Prozessinnovationen sowie die frühzeitige Wahrnehmung von Entwicklungstrends und technologischen Neuerungen wie beispielsweise Standortbestimmung mittels GPS (Global Positioning System) oder der Sendungsverfolgung mittels der RFID-Technologie (Radio Frequency Identification).

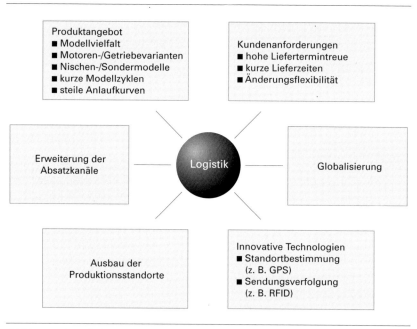

Abbildung 2: Herausforderungen

Konzeption von Versorgungsnetzwerken

Automobilhersteller, Logistikdienstleister sowie Modul- und Einzelteillieferanten bilden ein mehrstufiges Netzwerk von Geschäftspartnern. Die weltweite Globalisierung in der Automobilindustrie hat neben der Konsolidierung auf allen Stufen dieses Netzwerkes in allen organisatorischen Bereichen weitreichende Veränderungen nach sich gezogen.

Die Beschaffungsstrategie, sich weltweit auf weniger Lieferanten zu konzentrieren, führte bereits Anfang der neunziger Jahre in Verbindung mit dem Einsatz der Gleichteile-Strategie zu einem komplexen, globalen Versorgungsnetzwerk. Das Spannungsfeld zwischen Marktbedarf, Lieferantenkapazität und Produktionsprogramm macht ein konzernweites Management sowie eine systematische Planung und Koordination erforderlich. Einer der wichtigsten Erfolgsfaktoren neben Design und Qualität ist es, dieses komplexe Netzwerk zu steuern und gleichzeitig den erhöhten Kundenansprüchen nachzukommen.

Die wichtigsten Elemente zur Steuerung eines solchen Netzwerkes sind im Folgenden beschrieben.

Erfolgsfaktor Time-to-Market

Das Ziel von Time-to-Market ist es, Marktanforderungen innerhalb kürzester Zeit aufzugreifen, in neue Produkte umzusetzen und dabei einen reibungslosen Produktanlauf von der Produktidee bis zur Markteinführung mit entsprechend geringen Anlaufkosten sicherzustellen.

Die Automobilindustrie hat in den letzten zwanzig Jahren einen bedeutenden Wandel erfahren. Just-in-Time-Produktion, Kostendruck und Globalisierung haben neue Strukturen geschaffen. Durch Outsourcing von Fertigungs- und Entwicklungsleistungen entsteht eine neue Rollenverteilung im gesamten Versorgungsnetzwerk. Eine enge Zusammenarbeit mit den Lieferanten ist in der Konzept- und Produktentwicklungsphase deshalb besonders wichtig. Ein vernetztes Einsatztermin- und Anlaufmanagement garantiert eine systematische Kooperation mit den Lieferanten, ein zielgerichtetes Änderungsmanagement und die zeitnahe Einsatzterminverfolgung der Kaufteile und Werkzeuge bereits in der Phase der Beschaffung und Erprobung.

Das führte dazu, dass Entwicklungszeiten von der Festlegung des Designs bis zum Start der Produktion mehr als halbiert wurden.

Eine frühe Einbeziehung der Logistikplanung in den Produktentstehungsprozess, die Steuerung der Vorserienprozesse und ein im Vorfeld der Produktion beginnendes Lieferantenmanagement sind die Hauptbestandteile, mit denen die Logistik das Ziel einer kurzen Markteinführungsphase unterstützt.

Nur wer in der Lage ist, die Kunden früher als der Wettbewerber mit innovativen Produkten zu bedienen, kann die Marktstellung dauerhaft festigen und ausbauen.

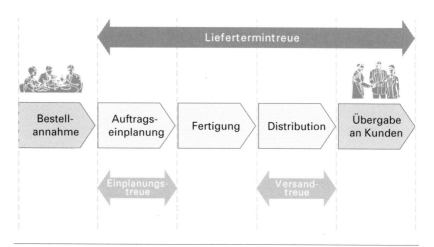

Abbildung 3: Order-to-Delivery

Kundenzufriedenheit durch die Verbesserung des Order-to-Delivery-Prozesses

Die Optimierung des OTD-Prozesses (Order-to-Delivery) ist die wichtigste Querschnittsaufgabe, die die Logistik im Serienprozess unterstützt. Die Funktion der Logistik im OTD-Prozess besteht darin, den Kundenauftrag schnell in der Produktion zu platzieren, von der Fertigung ausführen zu lassen und das Fahrzeug auszuliefern. Dabei gilt es, die Variantenvielfalt zu beherrschen und den gesamten Auftragsbestand mit den zur Verfügung stehenden Fertigungsressourcen und Lieferantenkapazitäten optimal abzugleichen. Dahinter steht ein ganzheitliches Logistikkonzept, das eine Senkung der Lagerbestände bei gleichzeitiger Kostenreduzierung ermöglicht.

Folgende kritische Erfolgsfaktoren beziehungsweise Schlüsselelemente des OTD-Prozesses zur nachhaltigen Erhaltung und Steigerung der Kundenzufriedenheit sind zu nennen:

- Steigerung der Liefertermintreue, das heißt Einhaltung der Lieferzusage gegenüber dem Kunden und Erfüllung der Wunschtermine, und

- Erhöhung der Änderungsflexibilität, die es erlaubt, bereits vorhandene Aufträge bis direkt vor Produktionsstart noch zu ändern.

Aus diesen beiden Aspekten resultiert eine kürzere Lieferzeit, die eine aktuelle Marktversorgung sicherstellt.

Möglich wird das nur durch ein proaktives Kapazitäts- und Bedarfsmanagement, um den benötigten Kapazitätsbedarf rechtzeitig zu erkennen und eine ausreichende, wirtschaftliche Versorgung sicherzustellen.

Die permanente Messung und Steuerung der Einplanungs- und Versandtreue bilden unter anderem die Basis für die Steigerung der Liefertreue. Zur Erreichung einer hohen Kundenzufriedenheit muss es oberstes Ziel sein, jedem Kunden sein Fahrzeug zum gewünschten, zumindest aber zum zugesagten Termin zu übergeben.

Logistik als Integrator

Die Logistik hat in dem geschilderten Umfeld eine stark integrative Funktion: Sie verbindet Kundenwünsche, die schnell und flexibel bedient werden sollen, mit Ressourcen und Kapazitäten zu einem realistischen und wirtschaftlichen Produktionsprogramm.

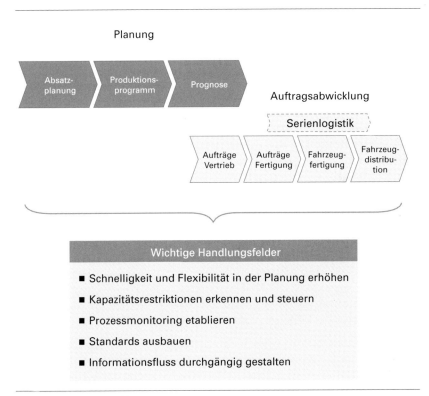

Abbildung 4: Handlungsfelder

Dabei werden folgende Prozesse betrachtet:

Für einschneidende und nachhaltige Verbesserungen ist es erforderlich, nicht nur über Einzelaktivitäten Veränderungen anzugehen, sondern ein durchgängiges und gemeinschaftliches Verständnis von Prozessen im Unternehmen einzuführen. Dafür sind eine umfassende Vernetzung der Prozesse und weitere strukturelle, prozessorganisatorische Analysen und Anpassungen beziehungsweise Veränderungen notwendig.

Folgende wichtige Handlungsfelder sind zu benennen:

- Schnelligkeit und Flexibilität in der Planung erhöhen

Die Erhöhung der Änderungsflexibilität von Fahrzeugausstattungen nach Vertragsunterzeichnung ist eines der Ziele zur Verbesserung der Kundenorientierung und Kundenzufriedenheit. Die Logistik muss durch eine unternehmensübergreifende Steuerung die Flexibilität im OTD- und Fertigungsprozess deutlich erhöhen, um neben der Verkürzung der Lieferzeit und Verbesserung der Liefertermintreue die Änderungsflexibilität auszuweiten. Dies wird unter anderem durch verfeinerte Bedarfs-Prognose-Verfahren, umfassende Bedarfs-Kapazitäts-Simulationen und abgesichertes Einsatztermin-Management erreicht. Die entscheidende Voraussetzung für das Funktionieren aller Prozessabschnitte sind demnach verbesserte Vorhersage-, Planungs- und Steuerungssysteme.

Neue Technologien und veränderte Parameter haben die Geschwindigkeit im gesamten Prozess erhöht und für mehr Flexibilität gesorgt. Insbesondere durch die enge Kooperation mit Händlern und Zulieferern kann die Flexibilität soweit erhöht werden, dass auch kurzfristig noch umfangreiche Änderungswünsche des Kunden bis wenige Tage vor Fahrzeugfertigstellung eingebracht werden können, ohne dass sich der zugesagte Auslieferungstermin verschiebt.

- Kapazitätsrestriktionen erkennen und steuern

Im Spannungsfeld zwischen Marktbedarf, Lieferantenkapazitäten und geplantem Produktionsprogramm übernimmt das Bedarfs-Kapazitäts-Management (BKM) eine regulierende und steuernde Rolle. Die generelle Zielsetzung des BKM ist die Absicherung des aus dem Markt resultierenden Bedarfes durch aktives, vorausschauendes Erkennen von Ressourcenengpässen und das Einleiten von gegensteuernden Maßnahmen.

Als Teil eines konzernweit synchronisierten, revolvierenden Programmplanungsablaufes dient der BKM-Prozess der Optimierung aller nachgelagerten Planungs- und Steuerungsprozesse sowie der Erhöhung der Einplanungs- und Programmtreue.

Mit der steigenden Anzahl und der Komplexität der Lieferbeziehungen in dem bereits beschriebenen Versorgungsnetzwerk ergibt sich die Notwendigkeit, neue technische und funktionale Lösungsmöglichkeiten zur effizienten Informationsverarbeitung und -verteilung über mehrere Wertschöpfungspartner auszuweiten. Neue Ansätze der partnerschaftlichen Zusammenarbeit (zum Beispiel die Einrichtung einer Internet-Plattform) sind erforderlich, um eine wirtschaftliche Prozessunterstützung gewährleisten zu können.

- Prozessmonitoring etablieren

Das Ziel ist es, die Logistikleistung in allen Kernprozessen zu messen und zu steigern. Durch ein integriertes Kennzahlensystem und ein einfach handhabbares Logistikcontrolling wird Transparenz geschaffen. Das Prozessmonitoring ermöglicht es, die Optimierungspotenziale aufzuzeigen und umzusetzen. Nur durch den umfassenden Einsatz von relevanten Logistikkennzahlen kann ein zielgerichtetes Benchmarking im eigenen Unternehmen und mit Wettbewerbern sichergestellt werden.

Eine frühzeitige, konsequente Produkt- und Prozessbeeinflussung sowie eine Konzepterstellung auf Basis eines Prozessmonitorings kann die Erschließung von Potenzialen zur Logistikkostenoptimierung in allen Kernprozessen gewährleisten.

Ein Monitoring ist für primäre kundenbezogene Parameter, die zur Einhaltung der zugesagten Liefertermine betragen, ebenso wichtig wie Zahlen zur Verfolgung der prozessorientierten Kosten.

- Standards ausbauen

Eine wesentliche Aufgabe der Logistik ist es, geeignete Standards für die Planung und Steuerung der Wertschöpfungskette zu schaffen und bereitzustellen. Im Vordergrund stehen die Sicherstellung der Kompatibilität aller Logistikkonzepte und -methoden der beteiligten Wertschöpfungspartner und deren durchgehende Nutzung.

Die Einführung eines übergeordneten Standards ermöglicht es, die einzelnen Produktionsstufen und Lieferanten mittels eines funktions- und bereichsübergreifenden Informationssystems miteinander zu verketten. Die Entwicklung eines standortübergreifenden Standards mit einheitlichen Logistikprozessen und kompatiblen Technologien erschließt erhebliche Synergiepotenziale und zeigt beachtliche Optimierungspotenziale zur Logistikkostenreduzierung.

- Informationsfluss durchgängig gestalten

Für die Planung, Steuerung und Koordination des physischen Materialstroms zwischen Lieferant, Dienstleister und dem Automobilhersteller ist die Erarbeitung durchgängiger Informationsstrukturen erforderlich, und zwar über alle Wertschöpfungsstufen.

Vision zur Logistik der Zukunft

Die Automobilindustrie sieht sich einer gewachsenen informations- und materialvernetzten Wertschöpfungskette sowie globalen Absatz- und Beschaffungsmärkten gegenüber.

Die zunehmende Entwicklungsgeschwindigkeit der Märkte und Produkte sowie die Anpassungsgeschwindigkeit der Produktionssysteme, der einzusetzenden Materialien und Fertigungstechnologien veranlassen die Logistik, ihre Ansätze ständig auf Effektivität zu überprüfen. Zur Bewältigung der aufgezeigten Marktveränderungen werden innovative Steuerungsinstrumente und -methoden benötigt, um Produkt-, Nachfrage- und Materialflussdiskontinuitäten effizient beherrschen zu können.

Die Versorgungsnetzwerke müssen daher zukünftig ein hohes Maß an Effizienz, Flexibilität und Adaptivität aufweisen. Im Kern beinhaltet ein adaptives Liefernetzwerk den Zusammenschluss von Unternehmen

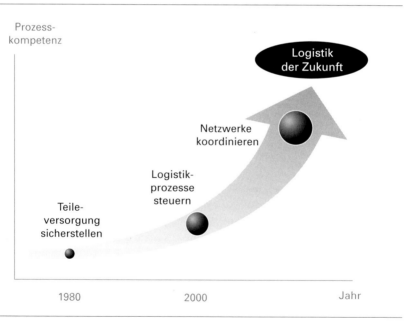

Abbildung 5: Vision

über mehrere Fertigungsstufen hinweg zu einer flexiblen und dynamischen Partnerschaft.

Das bereichs- und unternehmensübergreifende Prozessverständnis muss das klassisch funktionale Denken in hierarchisch gegliederten Organisationsstrukturen ablösen und ein integriertes Geschäftsprozess-Szenario entstehen lassen.

Das bestehende Netzwerk innerhalb des eigenen Unternehmens wird ausgebaut, weiterentwickelt und zu einem flexiblen Netzwerk umgestaltet. Damit leistet die Logistik einen entscheidenden Beitrag zur Stärkung und Verbesserung der Wettbewerbsposition.

Fazit

Eine erfolgreiche Logistik hat unmittelbare Auswirkung auf die Produktivität, die Verfügbarkeit von Material sowie die Lieferzeit und die Liefertermintreue.

Damit schafft die Logistik die Voraussetzungen für Umsatzwachstum und leistet einen wesentlichen Beitrag zur Ergebnisverbesserung und zur Steigerung des Unternehmenswertes.

Aufgrund der Globalisierung wird der Logistikkostenanteil an den Gesamtkosten wachsen und die aufgezeigten Ansätze gewinnen zukünftig an Bedeutung.

Im Rahmen der definierten Handlungsfelder können die Logistikkosten gesenkt werden. Mit einer deutlichen Verbesserung der Performance

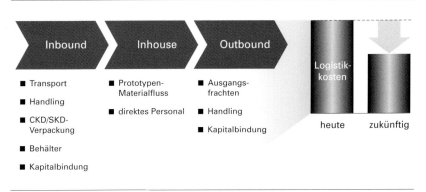

Abbildung 6: Senkung der Logistikkosten

leistet die Logistik zukünftig einen wesentlichen Beitrag zu der geplanten Produktivitätssteigerung in der Fahrzeugproduktion.

Bereits heute zeichnet sich deutlich ab, dass die Erfolgsfaktoren für den Aufbau eines globalen, wirtschaftlichen und adaptiven Versorgungsnetzwerks folgendermaßen zu beschreiben sind:

- die frühzeitige Einbindung der logistischen Planung in den Produktentstehungsprozess,

- die Entwicklung und Einführung einer marken- und standortübergreifenden Logistikplattform mit einheitlichen Logistikstandards sowie

- die neue Rolle der Logistik als Prozessgestalter und Prozessinnovator im gesamten Versorgungsnetzwerk.

Neben Produktinnovationen werden insbesondere Time-to-Market, das heißt die Zeitführerschaft bei der Markteinführung, sowie kurze Lieferzeiten und hohe Liefertermintreue zukünftig zu den entscheidenden Wettbewerbsfaktoren.

Eine der größten Herausforderungen liegt in der Neugestaltung, der Etablierung und dem Ausbau bestehender Standards auf Daten- und Prozessebene. Dies erfordert ein Umdenken von traditionell hierarchischen Organisationsstrukturen hin zu integrierten, partnerschaftlichen Geschäftsprozess-Strukturen.

Vor dem Hintergrund der darüber hinaus fortschreitenden Internationalisierung und Globalisierung sowie dem Einsatz zukunftsweisender Techniken wird der standort- und unternehmensübergreifenden Betrachtung und ganzheitlichen Optimierung von Logistikprozessen eine noch weiter wachsende Bedeutung zukommen.

Wachstum durch Serviceoffensive

Karl Erhardt / Christoph A. Grieser

Ausgangssituation
- Global agierende Kunden erwarten weltweit vergleichbare Dienstleistungen
- Keine direkte Weisungsbefugnis des Servicemanagements auf die operativen Servicebereiche in lokalen Vertriebsgesellschaften
- Regionale Verantwortlichkeiten, unzureichende globale Standards, wechselnde Zuständigkeiten bei länderübergreifenden Projekten
- Starre Produktgestaltung technischer Dienstleistungen berücksichtigt Kundenwünsche kaum

Angewendete Strategie
- Differenzierung durch einen qualitativ hochwertigen, flexiblen, innovativen und profitablen technischen Service
- Implementierung einer Matrix-Struktur im technischen Service, kongruent zur Vertriebsstruktur bei gleichzeitiger Stärkung der regionalen Serviceleiter
- Umsetzung globaler Verantwortlichkeiten für Schlüsselpositionen, Key Account, Schulung, Dokumentation und Produktmanagement
- Schaffung und Durchsetzung von Prozess- und Produktstandards

Ergebnisse
- Unmittelbare Steigerung der Produktivität und Profitabilität
- Deutliche Steigerung der Attraktivität des Serviceportfolios durch softwarebasierten Aufbau kundenspezifischer Dienstleistungsinhalte
- Messbar höhere Kundenzufriedenheit durch gestärkte Entwicklung und Vemarktung
- Direkter Einfluss auf lokale Vertriebsgesellschaften
- Globale Standards unterstützen länderübergreifende Projekte

Carl Zeiss im Markt der industriellen Messtechnik

Der Markt für Koordinatenmesstechnik ist durch einen stetigen Preisverfall für messtechnische Anlagen gekennzeichnet. Gleichzeitig findet ein gravierender Wandel der Kundenanforderungen statt. Vermehrt wird die Messtechnik vom klimatisierten Messraum direkt in die Produktionslinie verlagert. Die Einsatz- und Organisationsstruktur für die Wartung und den Service wird vor neue Anforderungen gestellt, die flexible Lösungen erfordern. Die Carl Zeiss Industrielle Messtechnik GmbH (CZ IMT) ist der führende Anbieter auf dem Gebiet der industriellen Koordinatenmesstechnik.

CZ IMT bietet ein breites Produktprogramm für Messungen unter unterschiedlichen Einsatzbedingungen, von Messungen im Labor unter idea-

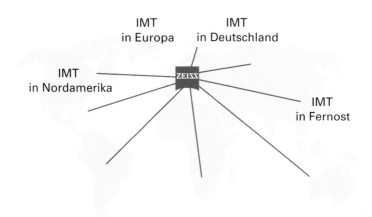

Abbildung 1: Weltweite Präsenz der Carl Zeiss IMT GmbH

len Bedingungen bis zur Fertigungsmessung in der rauen, nicht klimatisierten Produktionsumgebung. Die größten Abnehmer dieser Produkte sind die Automobilindustrie, der Maschinenbau sowie die Luft- und Raumfahrtindustrie. In den vergangenen Jahren hat sich der Bereich vom Geräteproduzenten zum Anbieter von Komplettlösungen mit umfassendem Dienstleistungsangebot gewandelt, von der Auftragsprogrammierung bis hin zum weltweiten On-Site-Support. Die CZ IMT erzielt bereits heute mehr als ein Viertel des Umsatzes mit Dienstleistungen.

In der Unternehmenszentrale in Oberkochen/Deutschland werden neben Portal- und Horizontalarm-Messgeräten zu einem großen Teil auch individuelle Produkte je nach Kundenvorgaben und Einsatzbedingung entwickelt und gefertigt. Dagegen handelt es sich bei den an den Standorten Minneapolis/USA und Shanghai/China hergestellten Portal-Messgeräten um standardisierte Produkte mit wenigen Varianten innerhalb der jeweiligen Baureihe.

Im Wettbewerbsumfeld profiliert sich der Bereich der industriellen Messtechnik von Carl Zeiss durch die umfassende Technologiekompetenz: CZ IMT entwickelt und produziert alle leistungsrelevanten Kom-

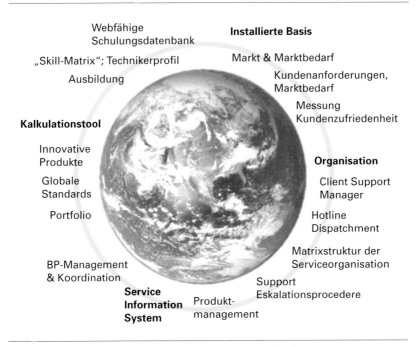

Abbildung 2: Relevante Themenbereiche zur Reorganisation des technischen Service

ponenten im eigenen Haus. Dies ist die wesentliche Voraussetzung für die anerkannt hohe Qualität der Produkte.

Die installierte Basis von Koordinatenmessgeräten der CZ IMT umfasst weltweit circa 23.000 Systeme, die in den Betreuungsbereich des technischen Services fallen; dafür stehen etwa 350 qualifizierte Servicemitarbeiter im Außendienst zur Verfügung. Aus diesem Grund versteht sich die Serviceorganisation auch als kompetenter Partner der Kunden in Fragen rund um technische Dienstleistungen im Aftersales-Bereich für 3D-Koordinatenmessgeräte.

Nachfolgend wird die aufgrund von Markt- und Kundenanforderungen sowie der Forderung nach zusätzlichem Wachstum bedingte Organisations- und Strukturänderung am Beispiel des technischen Services der Carl Zeiss IMT dargestellt.

Abbildung 2 zeigt eine Übersicht der während des Reorganisationsprozesses im Geschäftsbereich des technischen Service relevante Themenbereiche sowie dabei betrachtete Positionen, Produkte und Strukturen.

Wandel in den Markt- und Kundenanforderungen

Tritt an einer in die Fertigungslinie integrierten „unproduktiven" Messmaschine ein Störfall auf, so hat dies unmittelbar Einfluss auf die angekoppelte Fertigung. Im Extremfall steht eine Transferstraße oder die gesamte Produktionslinie still, da im Gegensatz zum Einsatz in Messräumen Ersatzmaschinen oder Kapazitäten nicht vorhanden sind. Die Verfügbarkeit der Messmaschine hat aus diesem Grund einen direkten Bezug auf die Produktivität der Kundenfertigung. Schlagworte wie MTBF (Mean Time Between Failure = mittlere Zeit zwischen zwei ungeplanten Störungsfällen) oder MTTR (Mean Time To Repair = die mittlere Zeit vom Stillstand bis zum Wiederanlauf) gewinnen immer mehr an Bedeutung und somit auch die Reaktionszeit des technischen Services. Verfügbarkeiten von mindestens 98 Prozent sind der Standard, werden jedoch schon heute von Kunden mit integrierten Systemen als nicht mehr ausreichend angesehen – 100 Prozent sind das Ziel. Technisch kann dies mittels redundanter Systeme und Komponenten sogar erreicht werden, ist aber nahezu unbezahlbar.

Hohe Verfügbarkeiten müssen zur Zeit intern bei CZ IMT durch entsprechende Reaktions- und Arbeitszeitmodelle bereitgestellt werden. Jedoch kann eine weitere Steigerung der Anlagenverfügbarkeit gleichermaßen nicht durch konventionelle Prozesse oder Erhöhung der Mitarbeiterkapazität wirtschaftlich erzielt werden. Die Erfüllung beste-

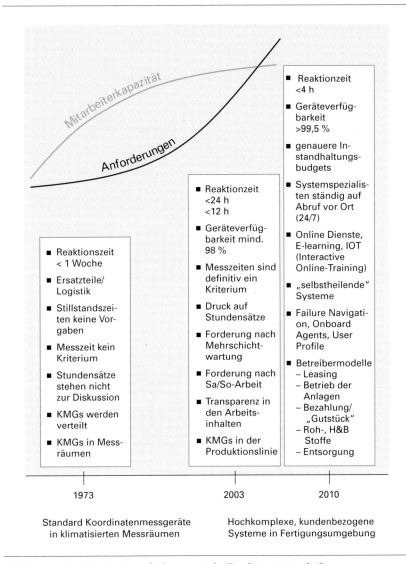

Abbildung 3: Wandel der Kundenanforderungen in der Koordinatenmesstechnik

hender Kundenanforderungen bedeutet einen exponentiellen Anstieg in den Investitionen für die Entwicklung und Implementierung innovativer Serviceprodukte und Prozesse.

Abbildung 3 zeigt die Entwicklung der Kundenanforderungen in den letzten dreißig Jahren sowie einen Ausblick ins Jahr 2010. Die Aussagen für das Jahr 2010 basieren auf Gesprächen mit Kunden, die schon heute

Fertigungsanlagen für zukünftige Produkte planen und simulieren. Daraus lassen sich zu erwartende Anforderungen an Unternehmen, die im Bereich der Messtechnik agieren, hinsichtlich Technologie (Genauigkeiten, Toleranzen, Taktzeiten, Prüfschärfe usw.), der nötigen Organisationsform, Prozesse und Kompetenzen ableiten.

Schon Ende der neunziger Jahre begann der technische Service der Carl Zeiss IMT, Kundenanforderungen systematisch zu erfassen und daraus strategische Ansätze für die Zukunft abzuleiten. Dies entsprach im weitesten Sinn einer „proaktiven" Marktbeobachtung und wird heute durch innovative Produkte wie Teleservice und Onboard Diagnostics (der Analyse vor Ort), aber auch durch die Entwicklung und Implementierung eines global verfügbaren, webfähigen Schulungsplanungs-Tools belegt. Ziel war die Absicherung des bestehenden generischen Wachstums als auch die Erschließung zusätzlicher Wachstumspotenziale durch innovative, auf den Kunden zugeschnittene Neuprodukte. Die CZ IMT differenziert sich durch die technologische Führerschaft und dem Anspruch, als ein „Full-Service"-Anbieter im Markt der Koordinatenmesstechnik wahrgenommen zu werden.

Organisation im Wandel

Struktur und Produkte eines klassischen Kundenservice

Seit 1973 produziert und vertreibt die Carl Zeiss IMT 3D-Koordinatenmessgeräte, entsprechend ist der technische Service über die Jahre hinweg mit zunehmender Population messtechnischer Systeme gewachsen. Anlagen, die im Ausland installiert wurden, benötigten ebenso eine Betreuung durch den technischen Service und wurden zu Beginn je nach Maschinendichte pro Region von Deutschland aus betreut. Nach einigen Jahren stetig steigender Installationen wurden unter dem Dach lokaler Vertriebsgesellschaften Serviceniederlassungen gegründet und von der Zentrale aus mit Equipment, Know-how und der nötigen Dokumentation versorgt. Wie in Abbildung 4 dargestellt, war der technische Service trotz globaler Verantwortung grundsätzlich regional aufgestellt. Hauptaugenmerk lag auf Standardprodukten wie beispielsweise einer zeitnahen, qualifizierten Behebung von ungeplanten Störfällen und der Durchführung von präventiven Instandhaltungsarbeiten. Im Störfall oder zur Planung von Instandhaltungsaufgaben kontaktierte der Kunde direkt den ihm zugeordneten regionalen Einsatzleiter.

Über Jahre hinweg entwickelten sich für Serviceumfänge regional unterschiedliche Arbeitsinhalte und Prozesse. Informationen bezüglich

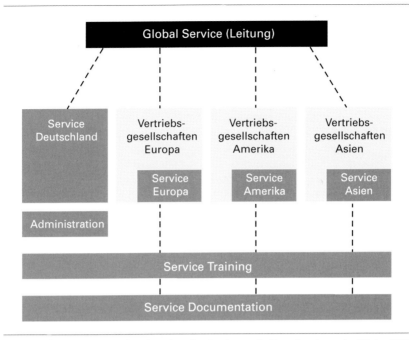

Abbildung 4: Organisationsaufbau des technischen Services vor der Restrukturierung im Oktober 2002

Markt- und Kundenanforderungen wurden über Vertriebs- oder Service-Außendienstmitarbeiter zum Teil nicht zeitnah oder unvollständig weitergeleitet, da kein zentraler Ansprechpartner innerhalb der Serviceorganisation definiert war.

Qualifizierungsmaßnahmen der Servicemitarbeiter wurden durch die Schulungsabteilung zentral geplant und durchgeführt, entsprechende Daten mussten direkt beim Schulungsleiter nachgefragt und manuell in Kurspläne eingetragen werden.

Der dargestellte Organisationsaufbau hatte eine grundlegende Schwäche: Die globale Serviceleitung hatte keinen direkten Zugriff auf die in den Vertriebsgesellschaften angegliederten Servicebereiche; das heißt, lokale Servicebereiche agierten weitgehend selbständig. Um Vorgaben, Prozesse und Konzepte aus der Zentrale zu übernehmen, musste jeweils der Leiter der regionalen Vertriebsgesellschaft für die Umsetzung gewonnen werden. Die daraus resultierende heterogene Servicelandschaft führte dazu, dass für global agierende „Schlüsselkunden" zwar ein international verantwortlicher „Key Account" im Vertrieb von Carl Zeiss IMT eingesetzt war, im Gegensatz dazu die Verantwortung für die installierten Systeme des Kunden jedoch bei der lokalen Serviceorganisation lag. Die Folge war ein ungewöhnlich hoher Verwaltungs- und Organisationsaufwand bei der Betreuung von Großkunden in Bezug auf Rahmenverträge oder länderübergreifende Dienstleistungskonzepte, was eine permanente Überlastung der gesamten Serviceorganisation verursachte und sich in den Ergebnissen von Kundenzufriedenheitsabfragen deutlich widerspiegelte.

Die genannten Ineffizienzen und die Forderung nach zusätzlichem Wachstum bedingten eine grundlegende Änderung der Organisation.

Reorganisation des technischen Service

Um den stetig steigenden Kundenanforderungen gerecht zu werden und zusätzliche Wachstumspotenziale effektiv erschließen zu können,

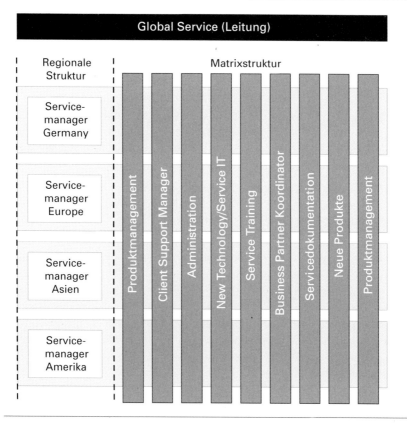

Abbildung 5: Neue globale Organisation des technischen Services der Carl Zeiss IMT

wurde folgende Lösung erarbeitet: Umstrukturierung der Serviceorganisation kongruent zur Vertriebsorganisation!

Der erste Schritt war der Aufbau der Serviceorganisation in Form einer globalen Matrixstruktur (siehe Abbildung 5) und die Benennung von vier regionalen Serviceleitern weltweit in Deutschland, Europa, Nordamerika und Asien.

Zur Verbesserung der Kommunikation zwischen Vertrieb und technischem Service sowie einem professionellen Porfoliomanagement wurde ein Produkt- und Client Support Management (Key Account) eingerichtet.

Hauptargumente hierfür waren:

- definierte Ansprechpartner für Vertrieb und Kunden im „Aftersales"-Bereich,
- frühzeitige Erkennung von Kundenanforderungen durch Marktanalysen und Umsetzung in innovative Produkte und Konzepte,
- Portfoliomanagement und strategische Planung, Egalisierung von Ineffizienzen und Aufzeigen von Wachstumspotenzialen,
- Einführung globaler Standards für Serviceprodukte, die definiert an den Gegebenheiten der regionalen Märkte adaptiert werden können.

Weitere Maßnahmen waren:

- Aufbau einer zentralen Hotline und der Funktion von so genannten „Dispatchern" (Einsatzleitern)
  - Eine Zugangsnummer für alle Kunden
  - Vorabdifferenzierung eingehender Kundenanfragen und definierte Weiterleitung
- Definition Service-Support (Second Level Support) und der Abteilung „Neu-Geräte"
  - Definiertes Eskalationsprocedere
  - Verstärkte Berücksichtigung von Serviceaspekten bei der Geräteentwicklung
- Implementierung eines weltweiten ServiceInformationsSystems SIS
  - Technische Dokumentation in elektronischer Form, via Intranet/Extranet oder als CD in mehreren Sprachen verfügbar
  - Lösungsdatenbanken für Servicetechniker

- Aufbau Businesspartner-Management
    - Zentrale Funktion zur Koordination aller Themen bezüglich Businesspartner: Verträge, Qualitätsstandards, Qualifizierung, Ausstattung etc.

Risiken der Organisationsänderung

Zum 1. Oktober 2002 wurde die in Abbildung 6 dargestellte Organisationsstruktur umgesetzt und erreichte nach circa sechs Monaten einen Status, der vom Markt und der gesamten Carl Zeiss IMT positiv beurteilt wird. Ein Eingriff dieser Dimension in die bestehende Organisation war für das Servicemanagement eine beachtliche Herausforderung. Als Erfolgsfaktor zeigte sich, dass die Lösungsansätze gemeinsam im Rahmen eines Projektes mit Workshops aus der eigenen Serviceorganisation heraus entwickelt wurden und somit auch die Möglichkeit gegeben war, „verkrustete" Strukturen aufzubrechen, ohne Akzeptanzprobleme innerhalb der bestehenden Organisation befürchten zu müssen. Neue, flexiblere und marktgerechtere Prozesse wurden implementiert, die nach einer definierten Etablierungsphase spürbare Verbesserungen erkennen lassen und durch zusätzliches Wachstum gekennzeichnet sind.

Das Spektrum an erkenn- und messbaren Erfolgen:

Intern:

- Mitarbeiterbefragungen zeigen, dass es an neuralgischen Punkten wie der Einsatzleitung eine deutliche Entlastung gibt.
- Der Vertrieb begrüßt die Neuorganisation und nutzt die geschaffenen Strukturen, um die Kundenbetreuung im Aftersales-Bereich zu optimieren (siehe Abbildung 6).
- Neue Produkte und Standards entstehen auf der Grundlage von Kundenanforderungen als Basis für neues Wachstum.
- Arbeitsanweisungen werden definiert und transparent gemacht.
- Kreative Serviceideen werden gefördert: Effizienzsteigerung, Kontinuierlicher Verbesserungsprozess (KVP), Neuprodukte.
- Belange des technischen Services werden durch Teilnahme von Mitarbeitern in unternehmensweite Fachgremien stärker berücksichtigt.

Extern:

- Kundenbefragungen belegen, dass durch die geänderte Struktur zwar Neues, aber nicht Unbekanntes geschaffen wurde: Service kongruent zu Vertrieb, hoher Grad der Wiedererkennung.
- Proaktive Evaluierung und Umsetzung von Kundenbedürfnissen im Bereich Aftersales: „Full Service".
- Verkürzung der Umsetzungsdauer von Kundenprojekten im Bereich Full Service: „Time-to-Market".
- Weiterentwicklung innovativer Systeme wie zum Beispiel Teleservice und Onboard-Diagnose: Starke Differenzierung.
- Erstellung von Strategien, Konzepten und Visionen für zukünftige Dienstleistungen und Evaluierung der Umsetzung mit Hochschulen: CZ IMT als kompetenter Partner bezüglich Instandhaltungsfragen.

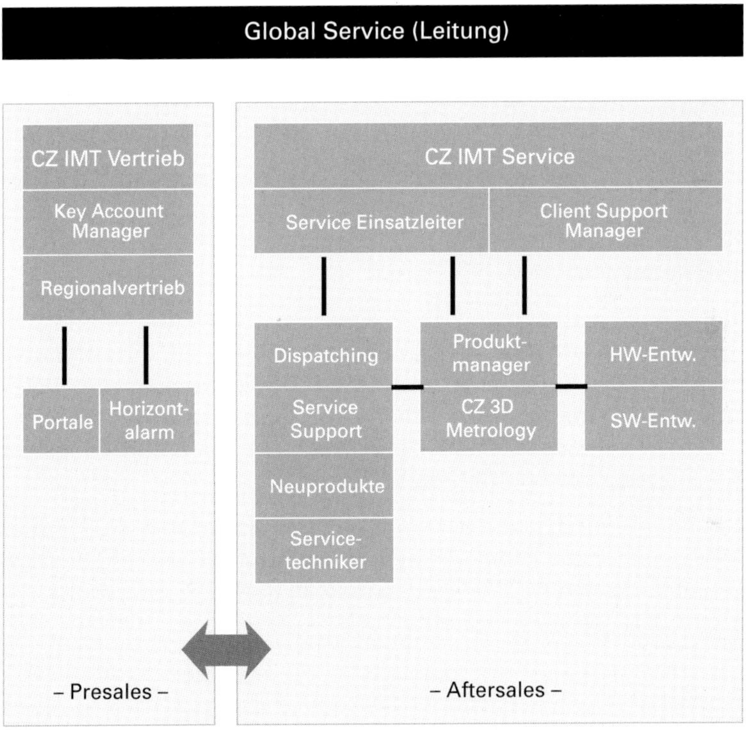

Abbildung 6: Kongruente Vertriebs- und Servicestruktur

- Innovative Produkte im Dienstleistungsbereich wie zum Beispiel Mehrschichtwartung erhöhen den Kundennutzen und tragen somit in erster Linie zur Steigerung der Produktivität und Kundenzufriedenheit bei. Dies generiert Wachstum.

Die in manchen Bereichen bestehende Neigung, an gewohnten Strukturen festzuhalten, konnte überwunden werden. Das Gesamtkonzept wurde am Markt so erfolgreich angenommen, dass letztlich geringfügige Restwiderstände einer umfassenden Überzeugung gewichen sind.

Es gilt nun, die erfolgreiche Umstrukturierung, die damit verbundenen Effizienz- und Umsatzsteigerungen sowie die aus dem Markt und dem Unternehmen zurückgemeldeten positiven Effekte zu wahren und durch weitere innovative Serviceprodukte abzusichern und auszubauen.

Gestützt auf diese auf Wachstum getrimmte und kundenorientierte, globale Organisation können in enger Zusammenarbeit mit Kunden Serviceprodukte und Prozesse entwickelt werden, die weitestgehend unerwartete Störfälle vermeiden und damit eine deutliche Steigerung der technischen Geräteverfügbarkeit bewirken. Das heißt, die Produktivität der Kundenanlagen wird gesteigert und trotz steigender Komplexität eine Reduzierung der Instandhaltungsbudgets erzielt.

Client Support Management

Das „Client Support Management" hat die Aufgabe, Kunden über die Produkte des technischen Services proaktiv zu beraten, im direkten Dialog bestehende Anforderungen im Markt zu erkennen und intern im Produktmanagement zu platzieren.

Im Rahmen des „Customer-Care-Programms" liegen die Schwerpunkte auf der Ausarbeitung von Instandhaltungskonzepten, die auf individuelle Kundenbedürfnisse zugeschnitten sind, auf der Beratung in Bezug auf die Kosten innerhalb des Lebenszyklus und auf dem Einsatz innovativer Serviceprodukte zur Reduzierung der Instandhaltungskosten und Steigerung der Produktivität.

Der Kundenwunsch nach einer möglichst homogenen Konfiguration des Geräteparks, die Reduzierung von Stillstandszeiten und das Sicherstellen einer hohen Geräteverfügbarkeit stehen im Vordergrund.

Im Jahr 2002 wurde das Customer-Care-Programm parallel mit zwei Schlüsselkunden als Pilotprojekt gestartet. Zwei Jahre später kann auf ein Umsatzwachstum im Aftersales-Bereich und im Neumaschinengeschäft sowie auf die Steigerung von positiven Zufriedenheitsabfragen der betreuten Kunden hingewiesen werden.

Ergänzend zu flächendeckenden Kundenbefragungen führt das Client Support Management bei Schlüsselkunden unter anderem Abfragen zu gesonderten Themenbereichen durch, um dann in gezielten Pilotanwendungen optimierte Dienstleistungen oder neue Produktideen einzuführen.

Grundsätzlich übernimmt das Client Support Management die Informationskoordination für die bei ihm eingehenden Kundenanfragen und fungiert als Schnittstelle zwischen Vertrieb, Entwicklung und technischem Service. Im Eskalationsfall nimmt das Client Support Management eine zentrale Rolle ein.

Durch die Verbreitung der im Produktmanagement entwickelten Dienstleistungskonzepte trägt das Client Support Management dazu bei, zusätzliches Wachstum durch die proaktive Anwendung dieser neuen flexiblen, nutzungs- und kundenorientierten Produkte zu generieren. Bekannte „Basismodule" werden dabei als Diskussionseinstieg genutzt und entsprechend flexibel erweitert.

Produktmanagement

Im Bereich des technischen Services der CZ IMT werden Dienstleistungen wie ein Produkt behandelt, das heißt, neue Serviceprodukte werden anhand des in Abbildung 7 dargestellten Prozesses entwickelt.

Das Produktmanagement erfasst eigene und die von verschiedenen Abteilungen und Institutionen der CZ IMT eingebrachten Kundenanforderungen und leitet daraus den Bedarf für neue Produkte oder nötige Änderungen im Produktportfolio ab.

Im Fall von Neuentwicklungen werden Businesspläne und Roll-out-Strategien für den weltweiten Einsatz generiert und detaillierte Informationen an die entsprechenden Vertriebsgesellschaften über den regionalen Serviceleiter verteilt.

Für Neuprodukte werden Lasten- und Pflichtenhefte verfasst und nötige Kapazitäten sowie Budgets für die Entwicklungsplanung bereitgestellt; zusätzlich werden weltweite Standards und deren modulare Struktur als Möglichkeit zur lokalen Adaption vorgegeben.

In laufenden Projekten übernimmt das Produktmanagement die Rolle des Auftraggebers, fordert die Einhaltung der im Projektplan genannten Termine und koordiniert in der Erprobungsphase die Zusammenarbeit mit Pilotkunden.

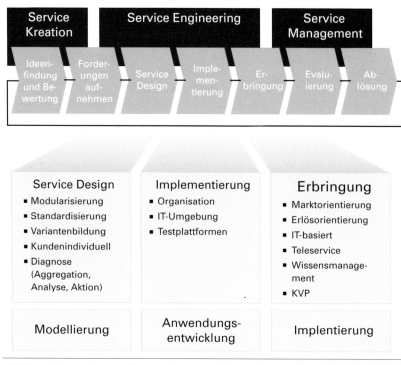

Abbildung 7: Prozess der Entwicklung von Serviceprodukten

Durch kontinuierliche Markt- und Kundenabfragen trägt das Produktmanagement dazu bei, innovative Dienstleistungsideen und Anforderungen zeitnah in entsprechende Produkte umzusetzen und somit neue, lukrative Wachstumsmärkte für den technischen Service der CZ IMT zu erschließen. Nachfolgend sind einige Produkte aus dem CZ IMT Portfolio detailliert beschrieben.

Portfoliooptimierungen

Serviceprodukte und Konzepte mit Wachstumspotenzial

Im Aftersales-Markt der industriellen Messtechnik sind Standardlösungen kaum mehr gefragt. Deshalb wurde mit der nutzungs- und zustandsorientierten Wartung ein neues, hoch flexibles Konzept entwickelt, das Kosten spart und Kundenbedürfnisse direkt integriert.

Basis hierfür ist ein Produktportfolio, welches es dem Kunden erlaubt, individuell für sein Gerätespektrum, den Nutzungsgrad seiner Anlagen und sein Budget eine maßgeschneiderte Lösung für Instandhaltungsarbeiten abzurufen.

Alle Dienstleistungsprodukte sind nun in Module aufgeteilt, und mit Hilfe einer „Risikoanalyse" kann daraus sehr flexibel ein neues kundenindividuelles Wartungskonzept erstellt werden. Falls vorhanden, können auf Wunsch kundeneigene Instandhaltungsabteilungen in den Wartungsprozess integriert werden. Der Vorteil dieser Vorgehensweise liegt für den Kunden in einer Kostenersparnis sowie einer höheren Geräteverfügbarkeit und für die CZ IMT in der Möglichkeit der Konzentration auf Kernkompetenzen.

Mit Hilfe der genannten Modularisierung kann der Service konkrete Wartungsempfehlungen aussprechen und sie sogar noch mit im System definierten Arbeitsplänen an die Kunden weitergeben. Bedingt durch die rasante Entwicklung im Hard- und Softwarebereich der Messtechnik ist es unumgänglich, dass bei einem größeren Geräteaufkommen unterschiedliche Bauweisen der Anlagen beim Kunden anzutreffen sind. Dies bereitet beim Betreiben der Anlagen Probleme, vor allem wenn Messungen identischer Teile an unterschiedlichen Systemen gefordert waren.

Zudem sind die Anlagen unter unterschiedlichen Einsatz- und Auslastungsbedingungen eingesetzt, was letztlich für Wartungs- und Reparaturarbeiten ebenfalls unterschiedliche Anforderungen zur Folge hatte.

Diese Entwicklung wird in dem neuen Produkt der Onboard-Diagnostik berücksichtigt, um den Ansatz des „Condition Based Monitoring" (Zustandsüberwachung der Anlage) zukünftig umzusetzen.

Reduzierung der Servicekosten mit Hilfe von „Teleservice"

Gemäß Definition stellt die Basis für „Teleservice" das Lesen und Übertragen von Maschinen- und Prozessdaten dar. Teleservice ist die telekommunikative Unterstützung der Inbetriebnahme, Ferndiagnose, Störfallbeseitigung, Wartung und Reparatur von Maschinen und Anlagen.

Insbesondere aus technischer Sicht sind die Komplexität heutiger Systeme und die unternehmensspezifischen Ansätze Hauptursache für die nur geringe Verbreitung dieser Teleservices, da gerade herstellerspezifische Lösungen einen hohen Konfigurationsaufwand auf beiden Seiten erfordern. Diese herstellergetriebenen Ansätze vernachlässigen durch ihre proprietäre Ausgestaltung und differierenden Kommunikationswege der bisherigen Systeme potenzielle Kunden in artverwandten Industriesektoren mit nahezu identischen Bedürfnissen.

Das Konzept und der Aufbau des von der CZ IMT entwickelten Teleservice erlaubt die Ankopplung jeglicher herstellerunabhängigen Systeme.

Die Umsetzung des von Carl Zeiss entwickelten Teleservice beinhaltet nicht nur die technische Realisierung einer simplen Fernwartung, sondern auch den unternehmensinternen Workflow bis hin zur Kapazitätsplanung. Darüber hinaus wird unmittelbar eine sekundengenaue Abrechnung sowie eine logische Integration in bestehende ERP-Systeme des betreffenden Unternehmens gewährleistet. Durch die Einrichtung globaler Support-Zentren bietet Teleservice die weltweite Möglichkeit einer kompetenten Hilfe rund um die Uhr, für die der Kunde auch zu zahlen bereit ist.

Durch den Aufbau einer Online-Verbindung zwischen dem Kundengeräterechner und dem Support-Zentrum des Herstellers kann der Kundenbildschirm an jeden beliebigen Ort auf der Welt übertragen werden. Ein eigens dafür eingerichteter Supportserver verwaltet die Anfrage, protokolliert zeitnah die übertragenen Daten und ermittelt parallel die Dauer der Verbindung.

Durch die gezielte Verbreitung und Nutzung von Teleservices wird ein hoher Grad an Differenzierung erreicht und dem Kunden eine konkurrenzlos schnelle Reaktionszeit geboten. Zusätzlich können früher kostenfreie Beratungen nun aufgezeichnet und abgerechnet sowie Gewährleistungsaufwendungen gesenkt werden.

Onboard Diagnostic

Für einen reibungslosen Produktionsablauf ist nicht nur eine sichere Leistung der messtechnischen Anlage ausschlaggebend, sondern gleichermaßen auch ihre Verfügbarkeit. Einer stetigen, genau definierten Überwachung des Maschinenstatus kommt hierbei in Zukunft eine erhöhte Bedeutung zu.

Umfassende und qualifizierte Statusaussagen zählen zu den wichtigsten Informationen im Bereich der Fertigung und Qualitätssicherung.

Eine Phase der Analyse und Aufbereitung von Daten messtechnischer Anlagen wurde nun bei CZ IMT gestartet. Waren diese Systeme in erster Linie Hilfsmittel für Servicetechniker vor Ort, so ist die Onboard-Diagnose in Zukunft ein wesentlicher Bestandteil effektiver Teleservice-Anwendungen.

Bisher konzentrierten sich Unternehmen in der Messtechnik auf die Steigerung der Maschinengenauigkeit und auf allgemeine Geräteleistungen, der Bediener wurde nur bezüglich der Ergonomie berücksichtigt. Die Steuerungen von Koordinatenmessgeräten der CZ IMT speichern eine Vielzahl von maschinenspezifischen Zustandsdaten, die auch heute schon von erfahrenen Steuerungsexperten ausgelesen werden. Aufgrund der Komplexität der Thematik werden solche Auswertungen bisher oft nur rückwirkend zur Fehleranalyse durchgeführt.

Ein Geräte- oder Maschinenstatus beschränkte sich meist auf das Auslesen des Betriebsstundenzählers oder die Durchsicht von Logbüchern einzelner Anlagen. Wollte ein Messraumleiter oder Instandhaltungsbeauftragter sich einen Überblick über den Status der in seinem Verantwortungsbereich befindlichen Anlagen und Systeme verschaffen, so mussten Daten in oft mühsamer Kleinarbeit manuell zusammengetragen und auf zum Teil lückenhafte Notizen und Aussagen des Bedienpersonals zurückgegriffen werden.

Diese archaisch anmutenden und zeitraubenden Prozesse gehören der Vergangenheit an. Mit der Entwicklung der Onboard-Diagnose bekommen Kunden die Möglichkeit zur Reduzierung von Stillstandszeiten und zur aktiven Leistungssteigerung ihrer installierten messtechnischen Systeme.

Es wurde ein Konzept entwickelt, das zum ersten Mal die Gesamtheit aller im Prozess involvierten Institutionen und Personen berücksichtigt. Diese Innovation erlaubt, den Maschinenstatus, in einer zum Teil kundenspezifischen Form, vor Ort auf dem Auswerterechner des Messgeräts oder auf freigeschalteten Terminals abzurufen. Die Aufgabe des Diagnosesystems besteht darin, Daten mit Hilfe eines heuristischen Verfahrens in eine für den Bediener relevante Zustandsanalyse umzuwandeln. Hieraus können auch Prognosen über das weitere Maschinenverhalten sowie über Ausfallwahrscheinlichkeiten abgeleitet werden.

Für wichtige Baugruppen wird aus den abgelegten Parametern der aktuelle Verschleißzustand ermittelt und eingestellten Schwellwerten gegenübergestellt.

Die „Cockpit-Funktion" zeigt alle im System integrierten und erfassten messtechnischen Anlagen (bis zu fertigungsintegrierten Messlinien) in einem Überblick und mit allen für den Bediener oder Prozessverantwortlichen relevanten Daten. Diese Funktion wird über eine Webapplikation im Kunden-Intranet per Internet Explorer realisiert.

Generell bedeutet dies, dass der Verantwortliche der Qualitätssicherung eines Unternehmens vom Arbeitsplatz aus den aktuellen Status seiner weltweit installierten Zeiss-Koordinatenmessmaschinen online am Bildschirm verfolgen kann.

Wartungskonzepte

Bei fertigungsnahem Einsatz der CZ IMT Produkte sorgt die Einführung einer Mehrschicht-Wartung für eine drastische Reduzierung der Stillstandszeiten und bietet zur Zeit noch ein immenses Wachstumspotenzial. Fährt der Kunde seine Fertigung in drei Schichten, dann muss auch der Service im Schichtbetrieb verfügbar sein. Erste Erfahrungen haben gezeigt, dass entgegen den Einschätzungen im Vorfeld nicht nur der Kunde, sondern auch die Mitarbeiter von Carl Zeiss von diesem Konzept überzeugt sind. Zusätzlich bietet die Mehrschichtwartung die Möglichkeit, mehrere Koordinatenmessgeräte innerhalb einer Woche zu warten oder instand zu setzen. Dies wirkt sich direkt auf die Kapazitätsauslastung aus und führt zu einem Mehrumsatz, da die installierte Basis bisher nur teilweise durch die CZ IMT abgedeckt wurde.

Service-Consulting

Die vielfältigen Erfahrungen eines „Global Player" erlauben es dem technischen Service der CZ IMT, neben seinen Kunden auch anderen Unternehmen sein Service-Know-how zur Verfügung zu stellen. Dies führt in der Regel zu einem individuell geschnürten Dienstleistungspaket, bei dem je nach Anforderung die Optimierung der kundeninternen Serviceorganisation und der damit verbundenen Prozesse innerhalb eines (globalen) Unternehmens im Fokus steht.

Insbesondere die organisatorische Aufstellung, die logistischen Prozesse, die Definition von bedarfsorientierten Serviceprodukten, die Finanzierung des Service und die umfassende Einbindung der gesamten Servicemitarbeiter sind wesentliche Themen in der Beratungsleistung.

Modernisierung

Die rasante Entwicklung in der Rechner- und Steuerungstechnik lässt Messmaschinen schneller „veralten" als erwünscht. Damit der Anschluss an den aktuellen Stand nicht verpasst wird, bietet die CZ IMT mit entsprechenden Modernisierungspaketen individuelle auf die Anforderung und entsprechenden Budgets abgestimmte Nachrüstmöglichkeiten.

Ausbildungsanforderungen

Webfähige Schulungsdatenbank

Zur Optimierung der Verwaltung und des Planungsprozesses der Aus- und Weiterbildung von Servicepersonal wurde bei der Carl Zeiss IMT GmbH ein umfangreiches softwarebasiertes Instrument entwickelt. Dabei sind weltweit relevante Daten online abrufbar, wie zum Beispiel die Verfügbarkeit qualifizierter Instruktoren und dazugehöriger Ressourcen.

Webfähiges Online-Planungs- und Qualifizierungs-Tool

Die Basis des Online-Planungs- und Qualifizierungs-Tool bei CZ IMT bildet eine Lotus-Notes-Datenbank. Ein wesentlicher Aspekt dabei war, dass bei Lotus Notes die Steuerung der Zugriffsrechte einzelner Mitarbeiter auf eine Datenbank einfach realisiert werden kann. Mit der geschaffenen Einrichtung können zur Zeit bis zu maximal zehn Instruktoren beziehungsweise Räume verwaltet werden, ohne dass Ansichten zu unübersichtlich werden. Ein Ausbau ist jederzeit ohne größeren Aufwand möglich. Es wurde darauf geachtet, eine Webanbindung, welche eine Planung und Registrierung von Kursen von jedem beliebigen Ort der Erde via Internet ermöglicht, zu realisieren.

Für alle Kurse können Vorbedingungen und Kursinhalte hinterlegt und online abgefragt werden. Somit kann sich jeder vorab über alle Kurse informieren und sich online anmelden. Ebenso können mehrteilige Kurse zusammengestellt und die Reihenfolge der Einzelkurse definiert werden. Wird eine Registrierung vom Administrator der Schulungsdatenbank angenommen, erhält der Teilnehmer automatisch eine Rückmeldung per E-Mail.

Kurseinladungen mit allen für die Schulung benötigten Daten werden ebenfalls auf Knopfdruck automatisch per Mail generiert.

Konzept für die Zukunft: „Future Failure Navigation"

Um den stetig steigenden Kundenanforderungen gerecht zu werden und zusätzliche Wachstumspotenziale zu erschließen, wurde das Konzept „Future Failure Navigation" erarbeitet.

Verfügbarkeit bedeutet Produktivität

Durch intelligente Nutzung und Verknüpfung bestehender Systeme sowie durch eine integrative Weiterentwicklung von Servicekonzepten und -prozessen kann eine Annäherung an die sich abzeichnenden Kunden- und Marktanforderungen (siehe Abbildung 8) geleistet werden. Oberstes Ziel in der Konzeption ist die Implementierung eines quasi „neuronalen Netzes" auf Basis der bei den Kunden installierten messtechnischen Systemen und Anlagen.

Dazu wurde eine Projektskizze mit entsprechender Meilensteinplanung entwickelt und intern im Bereich des technischen Services der CZ IMT kommuniziert.

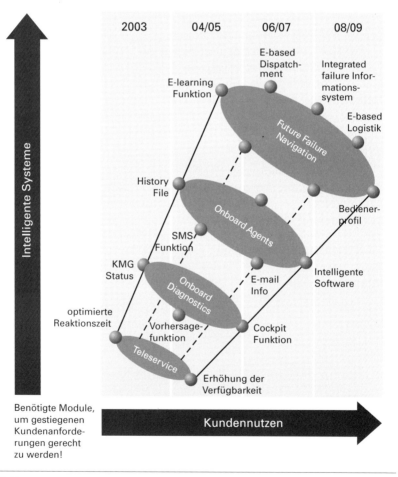

Abbildung 8: Konzept „Future Failure Navigation" inklusive Zeithorizont

Meilensteine

„Teleservice" sichert eine Reduzierung der Reaktionszeit im Störfall und erhöht somit die Produktivität.

„Onboard Diagnostics" analysiert kontinuierlich den Status der messtechnischen Anlage und warnt den Bediener vor einer möglichen Überschreitung von Warn- und Schwellwerten – ähnlich den im Automobil eingesetzten Systemen wie Bordcomputer und „Driver Assist".

„Onboard Agents" überwachen spezifische Bereiche innerhalb der messtechnischen Anlage bis hin zur Peripherie. Die Schlagwörter „Sammeln – Analysieren – Handeln" charakterisieren deren Tätigkeit.

„Future Failure Navigation" integriert zusätzlich zu allen bisher genannten Systemen auch bestehende oder sich im Aufbau befindende Datenbanken zum angestrebten „neuronalen Netz".

Ziel ist es, einen ungeplanten Störfall von messtechnischen Anlagen durch ein effizientes „Condition Based Monitoring", sprich eine Zustandsüberwachung der Anlage, zu verhindern und Instandhaltungszeiten auf ein Minimum zu reduzieren.

Tritt bei einer messtechnischen Anlage eine Abweichung zu den vorgegebenen Parametern auf, wird dies innerhalb der Steuerung mittels Fehlerdatenbank hinsichtlich Relevanz, Auswirkung und Anlagenbereich analysiert. Die daraus gewonnenen Daten werden mit der Maschinenhistorie abgeglichen, ein Skillrequest (die Anforderungen an den Ausbildungsstand des Mitarbeiters) für den nötigen Servicetechniker erstellt und mittels Fehlercode notwendige Ersatzteile automatisch identifiziert. Diese Daten werden nun in einem Informationspaket zusammengestellt und an den Kunden sowie die entsprechende Einsatzleitung übermittelt. Automatisch wird nach einem Servicetechniker mit entsprechendem Know-how, Verfügbarkeit und Entfernung (via GPS oder ähnlicher Technik) gesucht. Parallel werden auf Basis des gemeldeten Fehlercodes relevante Web-, Intranet-, Extranet- und CZ-Wissensdatenbank-Seiten gesucht und in das Informationspaket für den Servicetechniker integriert sowie nötige Ersatzteile evaluiert und gegebenenfalls reserviert oder bestellt.

Dem Kunden werden die vom System ermittelten möglichen Einsatztermine durch die Einsatzleitung genannt und abgestimmt.

Nun werden die Ersatzteilbestellung und die Distribution des gesamten Informationspakets ausgelöst.

Der Servicetechniker trifft zeitgleich mit dem Ersatzteil vor Ort beim Kunden ein, hat dazu noch alle relevanten Daten zur Hand und kann die Instandsetzung innerhalb kürzester Zeit bewerkstelligen. Während des Einsatzes wird der aktuelle Arbeitsfortschritt automatisch an die Einsatzleitung gemeldet, um den Status des Mitarbeiters darzustellen, frühzeitig einen Folgetermin einzuplanen und möglichst „Leerzeiten" zu vermeiden.

Die durchgeführten Arbeiten werden im System gespeichert und etwaige Laufzeitparameter auf den Startwert zurückgesetzt. Unbekannte Störfälle und deren Lösungen werden sofort in Datenbanksysteme integriert und durch Systemspezialisten geprüft, gegebenenfalls korrigiert und freigegeben.

In der Endausbaustufe sind die messtechnischen Systeme und Datenbanken an einen zentralen Server angekoppelt. Tritt nun in einer integrierten Anlage ein Störfall auf, so werden die im Vorfeld festgestellten Symptome analog eines Flugschreibers, der Störfall selbst, die Relevanz und die angewandte Lösung im System gespeichert.

Alle relevanten messtechnischen Anlagen mit identischen Komponenten werden mit diesen Informationen versorgt und somit auf etwaige Störfälle aufgrund der bisher ermittelten Symptome „geschult". Durch diese Lösung wird ein umspannendes Netz auf Basis von messtechnischen Anlagen erzeugt, welches den Charakter eines „sich selbst reparierenden" Systems besitzt und die Produktivität an messtechnischen Anlagen der CZ IMT spürbar erhöht.

Umsetzung

Das Konzept wurde gemeinsam mit Kunden und Mitarbeitern der eigenen Organisation entwickelt. Wie Abbildung 8 zeigt, ist die Implementierung der ersten beiden Meilensteine fast abgeschlossen und kann aus heutiger Sicht als erfolgreich betrachtet werden. Der dritte Meilenstein (Onboard Agents) ist in Pflichten- und Lastenheften definiert sowie in die Entwicklungsbereiche in Form von Projekten eingebunden. Die gesamte IT-Landschaft bei der CZ IMT wird in dieses Konzept integriert, das heißt, innerhalb bestehender EDV-Systeme und Datenbanken werden benötigte Schnittstellen geschaffen. Bei Investitionen und Eigenentwicklungen wird darauf geachtet, dass die Systeme definierte Prozess- und Schnittstellenvorgaben erfüllen.

Im Rahmen von Feldversuchen sind einige Pilotinstallationen der nächsten Entwicklungsstufen im Einsatz, diese Testplattformen sind als Indikator für den zu erwartenden Nutzen von Bedeutung.

Schon der Einsatz des „Teleservice" hat zu einer deutlichen Erhöhung der Verfügbarkeit von messtechnischen Anlagen geführt.

„Onboard Diagnostics" hilft zusätzlich, den optimalen Wartungszeitpunkt und betroffene oder auszutauschende Module zu identifizieren. Dies hat zur Folge, dass ein mögliches Risiko eines ungeplanten Störfalls und damit verbundene Stillstands-/Leerlaufzeiten minimiert werden können.

Die nun eingesetzten Systeme wie Schulungsdatenbank, Wissensdatenbank und das Serviceinformationssystem unterstützen Mitarbeiter effektiv in ihren täglichen Aufgaben und tragen somit auch zum Erfolg des Gesamtkonzeptes „Future Failure Navigation" als einem neuen Weg zur Steigerung der Produktivität bei, sowohl beim Kunden als auch im Bereich des technischen Services.

Der bisherige Erfolg und das positive Kundenfeedback bestätigen das Engagement und die Investition in dieses Konzept. Als Leitlinie für den technischen Service der Carl Zeiss IMT gilt: „Von der Vision über das Konzept zur Realität".

Wachstum durch Outsourcing

Susanne Theißen / Adrian Seeger

Ausgangssituation
- Outsourcing-Bestrebungen verändern Dienstleistungsprozesse zunehmend
- Beschaffungsaktivitäten stehen erstmals – trotz steigender Zukaufsvolumina – im Fokus des Outsourcing
- E-Procurement-Lösungen brachten nicht die gewünschten Effekte

Angewendete Strategie
- Vollständige Übernahme des Beschaffungs- und Versorgungsprozesses für indirektes Material in einer Hand, gebündelt in einer selbständigen Einheit, dem Supply-Chain-Dienstleister

Ergebnisse
- Sicherstellung hoher Verfügbarkeit der benötigten Waren
- Realisierung günstiger Beschaffungskonditionen durch Bündelung der Bedarfe vieler Unternehmen
- Stabile Ausgangsposition für nachhaltiges Wachstum

Dienstleistungsprozesse im Wandel

Spätestens nach der Lean-Production-Welle Ende der neunziger Jahre waren die Fertigungsbereiche der meisten Produktionsunternehmen in den führenden Industriestaaten deutlich optimiert und ihre Fertigungstiefe bis auf ein Minimum reduziert. Bei führenden Automobilherstellern beispielsweise beträgt die Wertschöpfungstiefe heute nur noch 20 Prozent. Weitere Effizienzsteigerungen und Qualitätsverbesserungen lassen sich in diesen Bereichen daher heute vielfach nur noch mit hohem Aufwand, wie zum Beispiel durch Six Sigma, erzielen.

Die unternehmensinternen Dienstleistungs- und Verwaltungsprozesse hingegen standen bisher kaum im Fokus der Optimierung. Erst in jüngster Vergangenheit sind sie von einer ähnlich intensiven Optimierungswelle betroffen, die nach dem Aufbau geeigneter Verfahren und der Einführung durchgängiger EDV-Systeme mit einer deutlichen Verringerung der Leistungstiefe verbunden ist. Hiervon verspricht man sich eine deutliche Kostenreduzierung und eine qualitativ hochwertigere Abwicklung der Prozesse.

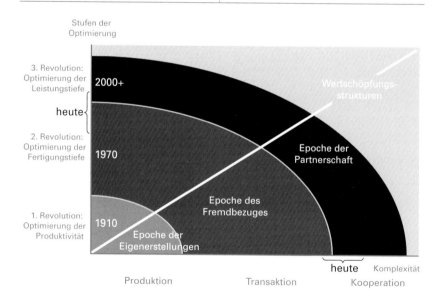

Quelle: eigene Analysen; in Anlehnung an Accenture

➡ Der zukünftige Fokus liegt auf der Optimierung der Leistungstiefe durch Kooperationen.

Abbildung 1: Entwicklungsstufen der Wertschöpfung

Dieser in den letzten Jahren gestartete Prozess wird nahezu alle unternehmensinternen Dienstleistungen erfassen. Vor allem folgende Prozesse für die Auslagerung an externe Dienstleiter stehen in der Diskussion:

- Datenverarbeitung/IT,
- Finanzwesen/Steuern,
- Personalwesen,
- Logistik,
- Forschung & Entwicklung,
- Marketing,
- Facility Management,
- Rechtswesen,
- Beschaffung/Materialwirtschaft.

Durch Auslagerung dieser Prozesse an externe Dienstleister werden erhebliche Einsparpotenziale erwartet, die zur Finanzierung weiteren Wachstums benötigt werden. Allein in Deutschland kommen Studien zu dem Ergebnis, dass das Kostensenkungspotenzial durch Auslagerung über 20 Prozent der Strukturkosten eines Unternehmens beträgt.

Die Beschaffung im Fokus des Outsourcing

Beschaffungsaktivitäten fremd zu vergeben, erscheint auf den ersten Blick fragwürdig, denn die stark reduzierte Fertigungstiefe einerseits geht mit einer wesentlich stärkeren Bedeutung des Einkaufs andererseits einher. Die Chance, bei dieser Entwicklung neue Potenziale zu realisieren, wird somit auf den Lieferantenmarkt übertragen und erfordert den direkten Einfluss des Unternehmens. Die differenzierte Analyse der Situation klärt die Frage der Sinnhaftigkeit des Vorgehens. Beschaffungsvolumina müssen nach ihrem direkten und indirekten Einfluss auf die Fertigung differenziert werden:

- Direkten Einfluss üben Produktionsmaterialien aus, die im Laufe des Fertigungsprozesses Teil des Produktes werden und nicht selten über 80 Prozent des Beschaffungsvolumens ausmachen. Für diese Gruppe ist ausnahmslos ein Zugriff durch den Einkauf erforderlich.
- Indirekten Einfluss auf die Fertigung übt das Verbrauchsmaterial aus, das zur Erhaltung der Produktion und Verwaltung notwendig ist.

Sein Anteil am Beschaffungsvolumen ist mit rund 20 Prozent relativ gering, zeichnet sich jedoch durch eine Vielzahl unterschiedlicher Produkte und Leistungen aus. Üblicherweise bestehen in diesem Bereich mehr als 70 Prozent der Lieferantenbeziehungen eines Unternehmens. Auf diese Gruppe zielt das Outsourcing von Beschaffungsleistungen ab.

Erste Schritte in diese Richtung wurden mit den E-Procurement-Lösungen gegangen, die seit dem Jahr 2000 verstärkt neue Wachstumsfelder eröffneten. Der Erfolg dieser Lösungen blieb jedoch hinter den Erwartungen zurück. Die Realität in der Branche zeigt ein relativ ernüchterndes Bild; nur wenige Anbieter sind am Markt noch aktiv, die Umsetzung vieler Lösungen ist noch lange nicht flächendeckend verbreitet. Der Grund für diese Entwicklung liegt auf der Hand:

- die Herstellung der Systemkompatibilität ist bisweilen extrem komplex,
- immense Investitionskosten amortisierten sich nur sehr langfristig,
- die erhofften Einsparungen durch deutlich vereinfachte Prozesse blieben aus.

Erfolgsfaktoren des Supply-Chain-Dienstleisters MRL

Die virtuelle Abwicklung vernachlässigte schlicht ihr physisches Abbild in Form der Logistik und verkannte die Chance, kleine Mengen und Volumina mit anderen Nachfragern zu bündeln, um durch Marktmacht Preispotenziale abzuschöpfen. Stattdessen lag der Fokus meist auf der datenverarbeitungstechnischen Abwicklung des Bestellprozesses.

Die Mannesmannröhren Logistic GmbH (MRL) schließt die Lücke zwischen elektronischer und physischer Abwicklung. Durch die vollständige Übernahme des Beschaffungs- und Versorgungsprozesses für indirektes Material, integriert in eine DV-Plattform, optimiert MRL bestehende Lösungen.

Das Modell der Mannesmannröhren Logistic GmbH fokussiert die Bündelung aller relevanten Funktionen des Beschaffungs- und Versorgungsprozesses „in einer Hand". Die Leistungen starten bei der Bedarfsgenerierung und enden bei der Abrechnung der Produkte und Leistungen. Gegenüber bekannten E-Modellen – wie Online-Plattformen, Hersteller- und Händlerkatalogen – liegt der Erfolgsfaktor in der Ganzheitlichkeit der Ausgestaltung der einzelnen Prozesselemente:

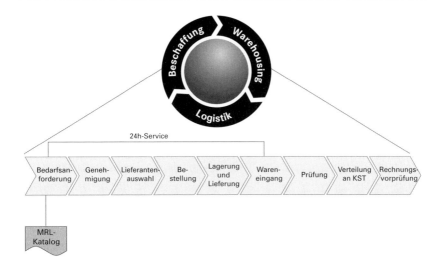

➡ Der Full-Service-Dienstleister MRL bedient den gesamten administrativen und physischen Prozess rund um „indirektes Material".

Abbildung 2: Das MRL-Modell

- Sortimentsgestaltung,
- elektronische Kommunikation,
- Beschaffung,
- Logistik und Anlieferung,
- Preisgestaltung und Abrechnung.

Die einzelnen Elemente gestaltet MRL im Unterschied zu anderen Modellen wie folgt:

Sortimentsgestaltung

Die Voraussetzung zur Übernahme des gesamten Prozesses erfordert Kompetenzen in einem breiten Warengruppenspektrum der indirekten Materialien. Begonnen bei den für E-Procurement geeigneten Warengruppen – wie Büro-, Hygiene-, Verbindungsmaterial oder Handwerkzeugen – verfügt MRL daher über zusätzliche Kompetenzen in komplexen Warengruppen, wie beispielsweise dem Arbeitsschutz oder der Lastaufnahmemittel. Profunde Produkt- und Marktkenntnisse in diesen Warengruppen ermöglichen die ganzheitliche Betreuung des Kunden. Die bekannten E-Modelle, beispielsweise Auktionen oder elektronische Kataloge, konzentrieren sich hingegen auf wenige Warengruppen oder übernehmen eine reine Übertragungsfunktion notwendiger Informationen vom Kunden an den Lieferantenmarkt und umgekehrt.

Elektronische Kommunikation

Zur Sicherstellung einfachster Bestellungen durch den Bedarfsträger setzen heute viele E-Modelle auf elektronische Kataloge, die teilweise durch das Kundenunternehmen oder in eigener Regie erstellt und gepflegt werden. Diese Lösungen erfordern hohe Anfangsinvestitionen auf Seiten des nachfragenden Kundenunternehmens und einen permanenten Support durch IT-Spezialisten bei Anpassungen von Katalogen oder Veränderungen der Workflow-Prozesse. Üblicherweise werden diese Aufwendungen dem zu beschaffenden Produkt nie angelastet. MRL verlässt diesen Weg und bietet den Kunden über einen HTML-Zugang durch einen Online-Webshop – einem Kaufhaus für indirektes Material – einen kostengünstigen Zugang für alle Bedarfsträger. Dadurch wird die einfache Bestellung ermöglicht und zusätzliche Informationen über Lieferzeiten und kundenindividuelle Spezifikationen bereitgestellt. Hiermit werden kostspielige IT-Investitionen und Anpassungen an bestehende ERP-Systeme vermieden. Die Handhabung ist simpel, der Nutzungskomfort für den Bedarfsträger ist hoch.

Beschaffung

Die Beschaffung als reinen Versorgungsprozess aufzufassen, ist bei vielen E-Modellen gelebte Praxis, obwohl die Bündelung der Einzelbedarfe Einsparpotenziale erzeugen kann. MRL setzt daher konsequent auf eigene Beschaffung und bündelt die Einzelbedarfe der Kunden zu größeren Losen zusammen. Hierdurch werden einerseits günstigere Einstandspreise erreicht, andererseits Optimierungen im Lieferantenmarkt und am Produkt ermöglicht. Durch die eigene Produktkompetenz in der Beschaffung können Alternativen zu fixierten Produktspezifikationen aufgezeigt und somit weitere Einsparungen realisiert werden. Bekannte E-Modelle berücksichtigen diese Möglichkeit selten, da sie schwerpunktmäßig die elektronische Übermittlung der Bestellungen an den Hersteller fokussieren. Dies setzt eine hohe Standardisierung voraus. MRL erweitert dieses Angebot, indem Beschaffungsdienstleistungen von nicht standardisiertem Material ermöglicht werden, die in den bekannten E-Modellen schwer realisierbar sind. Die Versorgungsmöglichkeit der Kunden wird hiermit stark erweitert und ermöglicht zugleich die Kombination der Beschaffungsmarktkompetenz für den Kunden mit Effekten der Preisreduktion.

Logistik und Anlieferung

Üblicherweise endet die Unterstützung von E-Modellen vor Beginn des physischen Warenflusses. Die vom Bedarfsträger übermittelte Bestellung geht dem jeweiligen Lieferanten zu, der anschließend die Belieferung übernimmt. Konsequenterweise entsteht somit ein reger „Lieferantentourismus", der zumeist durch eine Zentralisierung der Anlieferung kanalisiert wird. Die verbleibende unternehmensinterne Verteilung („letzte Meile") wird bis heute oft durch das unternehmenseigene Personal erbracht. Da jedoch die Anlieferungen meist nur zufällig zusammenfallen, muss der Bedarfsträger entweder länger warten, bis er seinen Warenkorb geliefert bekommt, oder mit höherem Aufwand durch Mehrfachlieferungen rechnen. Man versucht dieses Problem einzugrenzen, indem für bestimmte Warengruppen Vorräte angelegt werden (die so genannten Schwarzlager).

MRL löst dieses Problem ganzheitlich, indem die einzelnen Bedarfsstellen durch MRL direkt mit ihrem spezifischen Bedarf beliefert werden. Dieser kommissionierte Warenkorb enthält alle Einzelbedarfe und reduziert somit interne Prozesskosten durch vereinzelte Warenannahmen, Sortierungen, Verteilungen und Kontrollen durch den Bedarfsträger. Diese Logistik ist eine konsequente Weiterentwicklung bekannter E-Modelle, das heißt das prozessoptimale physische Pendant der virtuellen Beschaffung.

Ermöglicht wird dieser Service durch eigene Lagerhaltung derjenigen Kundenwarengruppen, die kurzfristig zur Verfügung stehen müssen. Dies ermöglicht es MRL, auch solche Warengruppen zur Belieferung anzubieten, die im Bereich der Reserveteile liegen und nicht durch E-Modelle angeboten werden können. Die somit ermöglichten Lieferzeiten liegen bei wenigen Stunden und bieten dem Kunden die Chance zur Kapitalkostensenkung, die mit bekannten E-Modellen kaum in Betracht gezogen wurde.

Preisgestaltung und Abrechnung

Die Preisbildung für elektronisch zu beschaffende Güter ist äußerst unterschiedlich: begonnen bei separaten Anfangsinvestitionen für DV-

Konkurrenz-ausprägungen / Konkurrenztypen	Sortiment	Online-Katalog	Online-Katalog: Workflow-unterstützt	Online-Katalog: Tracking/Tracing	Online-Katalog: Bestellung	Online-Katalog: Beschaffung	Lieferung	an Kostenstelle	Preisgestaltung	Rechnungsstellung
Online-Plattformen	bis zu 3,5 Mio. Artikel	NEIN	NEIN	NEIN	durch Kunden	NEIN	NEIN	NEIN	NEIN	NEIN
Hersteller mit Online-Katalogen	WG-spezifisch	JA	NEIN	NEIN	durch Kunden	durch Hersteller	durch Lieferant	NEIN	VP und Lieferung	Sammelrechnung
Händler	WG-spezifisch	JA	NEIN	NEIN	durch Kunden	durch Lieferant	durch Lieferant	zum Teil	VP	Sammelrechnung
Full-Service-Dienstleister	WG-spezifisch	zum Teil	zum Teil	zum Teil	Scannen Kanban etc.	durch DStL.	durch Lieferant & DStL.	JA	VP und Lieferung	Sammelrechnung
Ausprägung MRL	H&B-WG + kundenspezifisch	JA	zum Teil*	JA	durch Kunden	durch MRL	durch MRL	JA	FP	Sammelrechnung & Vorprüfung
Konkurrenzintensität	niedrig	hoch	niedrig	niedrig	mittel	niedrig	mittel	mittel	hoch	niedrig

➡ Bisher gibt es keine etablierten Supply-Chain-Dienstleister, die alle Ausprägungen erfüllen.

Abbildung 3: Konkurrenzanalyse

Anbindungen bis hin zum differenzierten Ausweis von Produkt- und Leistungspreisen. Bekannt ist auch die Zuschlagskalkulation für die Nutzung der E-Lösung durch feste oder variable Prozentsätze auf den Warenpreis. Transparenz über die bestellte Leistung besteht meist nicht. MRL schafft diese Transparenz, indem der Gesamtprozess transparent bepreist wird. Differenziert in Produkt- und Leistungspreis kann der Kunde die Leistungserbringung genau nachvollziehen und im Vorfeld entscheiden, bis zu welcher Leistungstiefe er nachfragen will. Beispielsweise kann dies die rein operative Abwicklung der Bestellung sein oder die Übernahme des gesamten Versorgungsprozesses inklusive Lager- und Logistikleistung. Der Ausweis in Sammelrechnungen komplettiert den Prozess konsequent und reduziert den Aufwand der Rechnungsprüfung deutlich.

Nachfolgende Abbildung differenziert die Ausprägungen des MRL-Modells von denen bekannter Modelle.

Nutzen eines Supply-Chain-Dienstleisters

Dem Trend, indirektes Material zu bündeln, folgt der Einkauf schon seit einigen Jahren. So sind heute bereits „Systemlieferanten" mit einem großen Sortiment und kundenneutral fixierten Serviceleistungen tätig.

MRL geht im Unterschied dazu einen entscheidenden Schritt weiter, indem Services kundenindividuell ausgestaltet und die vollständige Übernahme aller Prozessschritte zur Beschaffung und Versorgung mit indirektem Material ermöglicht werden. Dieses Modell folgt dem Outsourcing der Dienstleistungsprozesse, indem es diese konsequent professionalisiert. Hiermit generiert MRL Nutzen in den betroffenen Prozessschritten.

Beschaffung/Einkauf

Durch aktive Marktbearbeitung verbunden mit der Bündelung zahlreicher Kleinstbedarfe verschiedener Kunden werden neben reduzierten Beschaffungsprozesskosten günstige Einkaufspreise realisiert. Preisreduzierungen von 5 bis 15 Prozent sind je nach Warengruppe realistisch. Zudem wird die Einkaufsabteilung von „lästigen" Kleinbestellungen entlastet, was Kapazitäten für die optimale Marktbearbeitung direkter Materialien freisetzt.

Lagerung/Logistik

Die konsequente Umsetzung des virtuellen Prozesses in seinen realen Bestandteilen entlastet den Wareneingang, das Lager und die Kapitalkosten. Zeitgleich wird die Flexibilität und Sicherheit durch hohe Verfügbarkeit garantiert und Transparenz im Warenfluss gewährleistet.

Administration

Die konsequente Nutzung eines Supply-Chain-Dienstleisters reduziert Investitionen in die Informationstechnologie deutlich. Darüber hinaus werden die Aufwendungen im Rechnungswesen minimiert, bei gleichzeitig höchster Transparenz über die Verbräuche aller Bedarfsstellen.

Wachstumspotenziale für Supply-Chain-Dienstleister

Durch Supply-Chain-Dienstleistungen zu wachsen, erfordert die kritische Überprüfung der bekannten Modelle und die konsequente Operationalisierung der ihnen zugrunde liegenden Ideen. Der relevante Markt für diese Leistungen fokussiert daher nicht nur die betroffenen Beschaffungs- und Logistikprozesse, sondern auch das Beschaffungsvolumen an indirektem Material:

- Im Industriedurchschnitt beträgt der Anteil indirekten Materials circa 2 bis 2,5 Prozent des Umsatzes. Dies entspricht einem Volumen von knapp 8 Milliarden Euro bei allen deutschen Unternehmen mit einem Umsatz von mehr als 100 Millionen Euro.
- Die Kosten für die Beschaffung und Versorgung liegen bei einem Vielfachen. In dieser Unternehmensgruppe betragen die Kosten circa 40 Milliarden Euro. Davon entfallen knapp 40 Prozent – oder circa 17 Milliarden Euro – auf indirektes Material.

Demnach beträgt das relevante Marktpotenzial für diese Supply-Chain-Dienstleistungen in Deutschland über 20 Milliarden Euro. Einsparungen von durchschnittlich 5 Prozent durch die Nutzung eines Supply-Chain-Dienstleisters können enormes Investitionskapital freisetzen.

MRL startete sein Geschäftsmodell Anfang 2002. Mittlerweile erwirtschaftet das Unternehmen rund 20 Millionen Euro Umsatz. Die Erfahrungen beim Verkauf zeigen ein klares Bild:

- Der Mittelstand als wichtige Zielgruppe ist offen für Supply-Chain-Leistungen.
- Unternehmen mit Erfahrungen in E-Lösungen sind tendenziell zurückhaltend, da die Ernüchterungen mit ähnlich gelagerten E-Modellen bis heute präsent sind.

Grundvoraussetzung ist der Nachweis einer professionellen Prozessbearbeitung mit dem Fokus auf Maximierung der Zufriedenheit der Bedarfsträger. Die Abdeckung des kompletten Services bei einem breiten Sortiment ist dabei das entscheidende Differenzierungsmerkmal. MRL erfüllt diese Voraussetzungen und hat sich dadurch eine gute Ausgangsposition für weiterhin stabiles Wachstum durch die ganzheitliche Übernahme von Supply-Chain-Prozessen geschaffen.

Wachstum durch Auslandsverlagerung

Valentin Knott / Egbert E. Hartmann / Oliver Göbl

Ausgangssituation
- Stagnierender Markt für PKW-Trailer in Westeuropa
- Starke Konzentrationstendenz auf drei Herstellergruppen
- Unveränderte technische Grundkonzeption der Produkte seit vielen Jahren

Angewendete Strategie
- Kostenführerschaft durch Verlagerung von Produktionsteilen nach Osteuropa

Ergebnisse
- Steigerung des Marktanteils um mehr als 10 Prozent in Westeuropa
- Starke Ausgangsbasis für weitere Wachstumspotenziale in den aufstrebenden osteuropäischen Märkten
- Optimierte wirtschaftliche Gesamtsituation der Knott-Gruppe

Der Markt für PKW-Trailer

An der Produktion von PKW-Anhängern sind zwei Kategorien von Unternehmen beteiligt: Wenige Komponentenhersteller erzeugen die Grundkomponenten eines PKW-Anhängers wie die Achse, die Auflaufeinrichtung, die Zugvorrichtung, Stützräder, Kotflügel, Beleuchtung und/oder das komplette Fahrgestell. Eine sehr große Zahl von PKW-Anhängerherstellern produziert hieraus die individuellen Anhänger, die an die Endkunden abgesetzt werden.

Die tragenden Komponenten des Anhängers werden zumeist durch ein Fahrgestell aus C-Profilen gebildet. Die Gesamtgewichte im PKW-Anhängerbereich reichen bis 3,5 Tonnen, wobei der größte Marktbereich unter 2 Tonnen liegt. Je nach Gewicht sind diese Anhänger von 400 bis 750 Kilogramm ungebremst nur mit einer Laufachse und einer Zugvorrichtung ausgestattet. Darüber hinausgehende Gewichte sind mit einer oder zwei Bremsachsen (Tandemachsaggregate) und einer Auflaufeinrichtung versehen. Das Funktionsprinzip ist dergestalt, dass beim Bremsvorgang des Fahrzeugs der Anhänger durch die Trägheitskraft auf den PKW geschoben wird und dadurch die Bremse des Anhängers mechanisch oder mechanisch/hydraulisch betätigt wird.

Bei den Achsen gibt es zwei Federungskonzepte: die Gummifeder- und die Drehstabfederachse. Daneben existiert als Mischform das Gummi-Dreh-Schubfedersystem. Größte Verbreitung besitzt die Gummifederachse, bei der in einem Stahlvierkant- oder Fünfkantrohr rechts und links zwei vierkantförmige Schwingwellen eingepresst sind. Das Achsrohr ist mit dem Fahrgestell und dem eigentlichen Anhänger form- und kraftschlüssig verbunden. An der Schwinge wiederum sind die Bremsen und die Räder über entsprechende Lager montiert. Die Federung erfolgt über ein Verdrehen des inneren gegenüber dem äußeren Rohr. Die Vorteile liegen in guten Federungseigenschaften mit Eigendämpfung (das heißt, es kann auf einen Stoßdämpfer zumeist verzichtet werden) und gleichzeitig preiswerter Herstellung. Zudem sind derartige Federsysteme wartungsfrei.

Das zweite Achskonstruktionsprinzip baut auf der Drehstabfederachse auf und verwendet ein rundes Achsrohr, in dem die Schwingrohre konzentrisch in Buchsen gelagert sind. Im Inneren des Achsrohres sitzen die Federstäbe, die sowohl mit dem Achsrohr als auch den Schwingrohren form- und kraftschlüssig verbunden sind. Die Federung entsteht über die Verdrehung des Federstabes. Da keine Eigendämpfung vorliegt, ist die Verwendung eines Stoßdämpfers notwendig. Der Vorteil dieses Systems liegt in der definierten Achsgeometrie, die das Fahrverhalten verbessert, der Nachteil ist der Wartungsaufwand.

Diese technische Grundkonzeption ist seit vielen Jahren gleich geblieben. Innovationen sind selten und beschränken sich auf optische Details und mechanische Dämpfungssysteme zur Unterdrückung von Schleuderbewegungen des Anhängers. In Zukunft könnten sich auch hier elektronische Systeme zur Schleuderunterdrückung und Bremsregelung ähnlich ABS und ESP im Auto durchsetzen.

Der Markt für PKW-Trailer zerfällt in die Segmente Caravans und Nutzanhänger. Die europäische Caravanindustrie produziert jährlich mit etwa zehn Herstellern in relativ großer Serie circa 150.000 Caravananhänger. Die Achskomponenten mit Auflaufeinrichtung und teilweise das gesamte Fahrgestell werden zugekauft. Die technischen Anforderungen liegen vorwiegend in stabilen, schleuderarmen Fahreigenschaften, ansprechendem Design und niedrigem Preis. Hohe Laufleistungen sind in aller Regel nicht zu erwarten, jedoch müssen die Caravans unempfindlich gegenüber langen Stillstandszeiten sein. Da die Caravanindustrie aufgrund hoher Konzentration der Anbieter erhebliche Marktmacht besitzt, ist sie in der Lage, sowohl technische als auch preisliche Anforderungen durchzusetzen. Der Marktführer „Hobby" stellt rund 30.000 Caravans pro Jahr her und setzt auf Drehstabfederachsen. Alle anderen Konkurrenten setzen Gummifederachsen ein. Es werden nahezu ausschließlich gebremste Achsen verwendet.

Die Nutzanhänger finden vielfältigste Verwendungen wie beispielsweise bei Kastenanhängern, Pferdetransportern, Autotransportern, Bootsanhängern, Marktanhängern und allen möglichen weiteren Arten von Lastenanhängern. Es gibt sehr preiswerte, ungebremste Kastenanhänger, die in der Regel in Baumärkten einzig über den Preis vertrieben werden. Demgegenüber stehen Spezialanhänger wie beispielsweise für den Bootstransport, die wasserdichte Lagerungen und sehr gute Fahreigenschaften bei hohen Lasten aufweisen müssen. Den Markt für diese Nutzanhänger teilen sich wenige größere Hersteller, die jeweils in einzelnen Marktsegmenten mit ihren Produkten in hoher Spezialisierung tätig sind, sowie eine Vielzahl von kleineren Herstellern, die Marktnischen bedienen. Technisch werden sowohl Laufachsen als auch Bremsachsen eingesetzt. Insgesamt gibt es europaweit um die 3.500 Hersteller, die den EU-Markt unter Verwendung von rund 200.000 Laufachsen und 300.000 Bremsachsen beliefern.

Die PKW-Anhängerindustrie kauft diese Achsen sowie andere bauartgenehmigte Teile wie Bremsen, Achsen, Auflaufeinrichtungen, Zugvorrichtungen und zum Teil Fahrgestelle von den Komponentenherstellern zu. Dazu gehören auch Zubehörteile wie Stützräder oder Elektrosätze. Der Vorteil liegt in der standardisierten Herstellung dieser Komponenten in hoher Stückzahl. Die Schnittstelle zum Kunden liegt üblicherweise in der Verbindung der Achse mit dem Anhänger über das Fahrgestell oder über Auflageböcke. Hier und in den Fahrgestellmaßen wie zum Beispiel der Spurbreite ist maximale Kundenindividualität erforderlich.

In Europa gibt es im Wesentlichen drei Herstellergruppen, die den Markt für PKW-Anhängerkomponenten bedienen. Ihr Marktanteil beträgt circa 90 Prozent. Alle großen Herstellergruppen haben ihre Wurzeln in Deutschland. So auch der Marktführer, der sich im technisch hochwertigen Segment positioniert. Marktzweiter ist die „Knott-Gruppe", die das preissensible Marktsegment bedient. Alle Hersteller verfügen über verschiedene Fertigungsstätten in Europa. Während der Marktführer bei hohem Automatisierungsgrad schwerpunktmäßig in Westeuropa fertigt, liegen die Knott-Fertigungsstätten mittlerweile fast ausschließlich in Osteuropa und nutzen die dortigen Lohnkostenvorteile.

Der Wettbewerb war in der Vergangenheit ausgesprochen intensiv. Bis heute herrscht noch immer ein sehr starker Preisdruck durch den Endkunden. Die Preise für Anhängerkomponenten haben teilweise Preisrückgänge von über 30 Prozent zu verzeichnen. Die Marktentwicklung ist stark von der allgemeinen Konjunkturentwicklung geprägt. Bei den Caravans ist eine ausgeprägte Saisonkurve üblich. Außergewöhnliche Wachstumsraten sind auf bekannten Märkten nicht vorhanden. In Zukunft sind von den neuen EU-Ländern (EU25) zusätzliche Wachstumsimpulse zu erwarten: Die Märkte Russland, Ukraine und Rumänien werden sich in den nächsten zehn Jahren spürbar entwickeln. Heute werden die Achskomponenten in diesen Ländern zumeist direkt von den Anhängerbauern selbst gefertigt. Für Spezialisten liegt in diesem Sektor ein hohes Entwicklungspotenzial.

Die Unternehmensgruppe Knott

Die Knott-Gruppe ist international aufgestellt und besteht aus einer Finanz-Holding und verschiedenen Landesgesellschaften. Örtliche Unternehmer sind jeweils mit Minderheitsbeteiligungen an den verschiedenen Landesgesellschaften beteiligt. Durch diese Konstruktion werden die jeweiligen Interessen der Landesgesellschaften und der dortigen landesspezifischen Gegebenheiten optimal berücksichtigt. Die Steuerung der gesamten Gruppe erfolgt über die Holding.

In Deutschland liegen die Wurzeln des Unternehmens, die bis vor den zweiten Weltkrieg reichen. Die deutsche Knott GmbH besteht aus einem Stammwerk in Oberbayern (Werk Eggstätt) und einem Zweigwerk in der

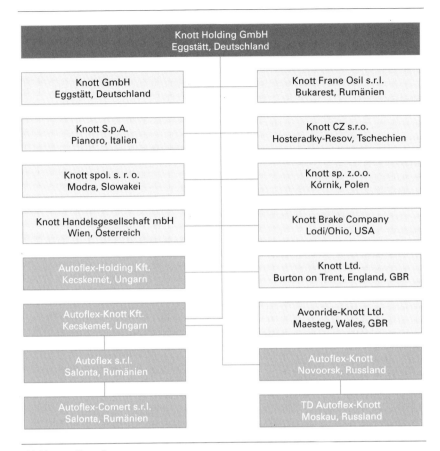

Abbildung 1: Knott-Gruppe

Nähe von Regensburg (Werk Regenstauf). Im Stammwerk Eggstätt werden Industriebremsen in Kleinserie hergestellt. Abnehmer sind überwiegend Unternehmen des Fahrzeugbaus. Industriebremsen werden in Ackerschlepper, Baumaschinen, Gabelstapler und nahezu jede Anwendung bei Fahrzeugen eingebaut. Traditionell wurden Trommelbremsen eingesetzt. Heute hat sich der Fokus auf Scheiben- und Lamellenbremsen verschoben. Wesentliches Wettbewerbsmerkmal der Knott-Gruppe sind kundenindividuelle Bremslösungen. In dieser Technologie liegen die Kernkompetenzen der Knott-Gruppe.

Im Zweigwerk Regenstauf wurden bis vor kurzem wesentliche Teile der Trailer-Komponentenfertigung hergestellt. In den fünfziger Jahren wurden hier die Messerschmidt-Kabinenroller produziert. Im Laufe der Zeit fand eine Wandlung zum Hersteller von Trailer-Achsen und -Auflaufeinrichtungen für den PKW-Sektor statt. Von besonderer Bedeutung ist die Knott-Achsbremse, die mit automatischer Rückfahreinrichtung die Basis für viele Anhänger bildet. Die Zulassungen bauen schwerpunktmäßig auf dieser Bremse auf. Gegen Ende der neunziger Jahre wurde die Fertigung dieser Standardkomponenten unrentabel, sodass eine Verlagerung zu den ausländischen Töchtern stattgefunden hat. Heute werden im Werk Regenstauf nur noch Achsen für Anhänger mit über 2,5 Tonnen mit den dazugehörigen Komponenten, Fahrgestellen und Standardbremsen für die gesamte Gruppe sowie Sonderachsen hergestellt. Zusätzlich ist das Werk Regenstauf zu einem Ersatzteil-, Service- und Logistikzentrum ausgebaut worden. Diese Neuausrichtung war Basis für den Erfolg der Wachstumsstrategie.

Heute gehören Tochterunternehmen mit Produktionsstätten in Italien, Großbritannien, USA, Ungarn, Slowakei, Polen und weiteren Ländern zur Unternehmensgruppe. Jede der Landesgesellschaften vertreibt die gesamte Produktpalette auf dem jeweiligen lokalen Markt und beliefert die Gruppe mit Komponenten für die internationale Marktversorgung. Von besonderer Bedeutung für die Trailertechnik sind die Standorte in der Slowakei und in Ungarn. In der Slowakei werden Drehstabfederachsen in großer Stückzahl und das etwas schwerere Programm gefertigt. In Ungarn werden Gummifederachsen als Lauf- und Bremsachsen und alle Arten von Auflaufeinrichtungen hergestellt. Die ungarische Produktion ist auf hohe Stückzahlen ausgerichtet. In Italien findet die Herstellung von Stoßdämpfern und Seilzügen für die Auflaufeinrichtungen ebenfalls in hoher Stückzahl statt. Die anderen Standorte sind in erster Näherung für die Fertigung im Segment Trailer nicht wesentlich. Ziel ist es, eine spezifische Komponente nur an einer Stelle in der Knott-Gruppe möglichst kostengünstig herzustellen und dann an die anderen Gruppenmitglieder zu liefern.

Dieser internationale Verbund wird durch einen internationalen Vertrieb und eine Entwicklung in Deutschland gesteuert. Es werden gruppenweit insgesamt 1.000 Mitarbeiter beschäftigt und ein Umsatz von über 110 Millionen Euro jährlich erzielt.

Kostenführerschaft

Vor einigen Jahren war es das strategische Ziel, den aktuellen Marktanteil abzusichern und eine Expansion voranzutreiben. Als Konsequenz wurden hohe Stückzahlen in der Fertigung angestrebt, um „Economies of Scale" nutzen zu können. Da jedoch in Westeuropa kein Marktwachstum zu verzeichnen war, ist die Wahl einer solchen Strategie zwangsweise mit einer möglichst guten Kostenposition bereits von Anfang an verbunden. Dies bedeutete, Kostenführerschaft und Expansion in einem gesättigten Markt umzusetzen.

Neben der Kostenführerschaft besteht die Möglichkeit der Technologieführerschaft, das heißt die Erreichung von Wachstumsvorteilen durch die Art der technischen Konstruktion und des Innovationsgrades der gelieferten Teile. Die Technologie bei Achsen und Auflaufeinrichtungen ist jedoch seit Jahren durch wenige Innovationen gekennzeichnet. Für den Endkunden sind oft nur technische Eigenschaften wie Wartungsfreiheit, geringe Schleuderneigung des Anhängers und einfache Bedienung von Bedeutung. Diese Anforderungen werden von allen Anbietern gut erfüllt. Innovationen haben sich in der Vergangenheit auf Einzelheiten der Mechanik bezogen, ohne Grundlegendes zu verändern. Grundsätzlich sind daher bis heute die Komponenten der wesentlichen Marktteilnehmer für den Endkunden austauschbar und werden wenig wahrgenommen. Eine Ausnahme hierzu ist das Konstruktionsprinzip der Drehstabfederachse, das ausschließlich von der Knott-Gruppe für einen speziellen Anwendungsfall im Caravansektor hergestellt wird. In Zukunft kann sich die Bedeutung von Innovationen zu mehr elektronischen Steuerungen verschieben. Inwieweit der Endkunde bereit ist, die hierfür notwendigen Preiserhöhungen zu bezahlen, bleibt abzuwarten.

Von daher blieb die Kostenführerschaft der entscheidende Faktor für Wachstum. Die Herstellung von Achsen und Auflaufeinrichtungen besteht aus einfachen Schweißvorgängen von Stahlteilen, aus mechanischen Bearbeitungsgängen und einer umfangreichen Montage. Die Lohnkosten sind daher der dominante Faktor in der Herstellkostenkalkulation. Zur Verringerung dieses Einflussfaktors stehen grundsätzlich die folgenden Ansätze zur Verfügung:

- Standardisierung,
- Automatisierung und
- Verlagerung in ein Niedriglohnland.

Die Automatisierung von Herstellprozessen setzt zumeist eine weitgehende Standardisierung voraus. Bereits seit mehr als zehn Jahren haben sich daher Schweißroboter zur Achskörperschweißung und Schwingenfertigung überall durchgesetzt. Die Variabilität dieser Komponenten lässt sich ohne Probleme beherrschen, sodass der Einsatz von Robotern zielführend ist. Die Vorarbeiten zum Roboterschweißen – wie beispielsweise das Heften – erfolgen allerdings nach wie vor überwiegend von Hand. Die Montage der verschiedenen Komponenten Achskörper und Schwingen zur Achse sowie Auflaufeinrichtungsgehäuse und Innenteile zur Auflaufeinrichtung erfolgt manuell. Eine Automatisierung ist hier aufgrund der Variantenvielfalt nicht sinnvoll umsetzbar.

Eine deutliche Verbesserung der Kostenstruktur ist durch die Senkung der Montagekosten möglich. Der Lösungsansatz liegt im Transfer des entsprechenden Fertigungs-Know-hows in ein Land, das über eine günstige Lohnstruktur verfügt. Weitere Voraussetzung ist, dass die technischen Fähigkeiten im ausgewählten Auslandsstandort vorhanden sind, um auf einem qualitativ unveränderten Niveau zu produzieren. Es bieten sich hier grundsätzlich alle osteuropäischen Länder an, da dort erhebliches technologisches Wissen und eine große Zahl von gut ausgebildeten Arbeitskräften vorhanden ist. Dementsprechend hat sich die Strategie der Knott-Gruppe zum Wachstum und zur Erreichung einer nachhaltigen Kostenführerschaft ganz entscheidend auf diesen Faktor des Lohnkostenvorteils im osteuropäischen Ausland konzentriert.

Verlagerung nach Osteuropa

In Ungarn wurde bereits Mitte der neunziger Jahre eine eigene Vertriebsniederlassung gegründet. Später wurde die Produktion von Komponenten, Laufachsen, einfachen Bremsachsen und Auflaufeinrichtungen aufgenommen. Der Schwerpunkt lag vertriebsseitig auf dem ungarischen Markt, und die Produktionspalette wurde bereits international geliefert. Insofern existierten breite Erfahrungen mit dem international erforderlichen Qualitätsstandard. Die ungarische Tochterfirma ist zusätzlich auf die Expansion in den südosteuropäischen Markt ausgerichtet. Die Herausforderung bestand in der Erhöhung des Produktionsvolumens um circa 30 Prozent, schwerpunktmäßig bei Auflaufeinrichtungen. Diese Ziele wurden durch den ungarischen Partner im Unternehmen unterstützt. Das Lohnkostenniveau in Ungarn liegt bei circa 30 Prozent des deutschen Niveaus und wird sich auch in naher Zukunft auf ähnlich niedrigem Niveau halten.

Die Fertigung in der Slowakei bestand ebenfalls seit einigen Jahren und war vermehrt auf den heimischen Markt ausgerichtet. Hier wurden Komponenten für Achsen und Auflaufeinrichtungen sowie höhenverstellbare Zugvorrichtungen produziert. Hier hieß die Aufgabe, die Produktion um mehr als 40 Prozent auszuweiten und die neue Produktgruppe Drehstabfederachse in großer Serie anlaufen zu lassen. Die Qualitätsanforderungen von den westeuropäischen Kunden waren bekannt. Das Lohnkostenniveau in der Slowakei beträgt ein Viertel des deutschen.

Parallel mussten im deutschen Werk Regenstauf die Produktionsressourcen entsprechend angepasst werden, um die Kostenführerschaft tatsächlich zu erlangen. Dazu waren Personalentlassungen notwendig. Die gleichzeitige oder zeitnahe Verlagerung der Produktion in die ausländischen Töchter war parallel umzusetzen. Insgesamt erfolgte die Verlagerung der verschiedenen Produkte über mehr als zwei Jahre auf Basis einer detaillierten, zeitlichen Planung. Daneben wurde die betriebliche Seite über einen Sozialplan abgesichert. Hier lagen die größten Umsetzungsrisiken und Probleme. Die notwendige finanzielle Begleitung über die Hausbank wurde gewährt.

Die Rolle des Werkes Regenstauf wurde nach der erfolgten Verlagerung neu definiert. Die Fertigung konzentriert sich heute auf wenige, komplexe Produkte aus dem schweren Achsprogramm, bei denen aufgrund der höheren Kundenanforderungen und damit besseren Preise eine Fertigung in Deutschland möglich ist. Darüber hinaus wurde die Logis-

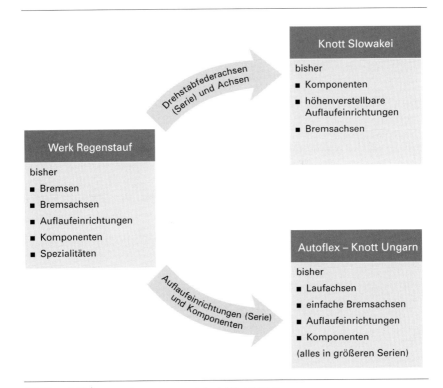

Abbildung 2: Verlagerungsbewegungen und Produktionsstätten

tikdienstleistungsfunktion ausgebaut. Das Werk Regenstauf betreibt für den westeuropäischen Markt ein Ersatzteillager mit allen Komponenten für das Trailerprogramm. Weiterhin erfolgt die gesamte Bremsenmontage für die Serienbremse in Regenstauf. Hier rechnet sich – aufgrund der hohen Stückzahl – eine Automatisierung in Deutschland. Zusammengefasst ermöglichte diese Umstrukturierung wieder eine Gewinnsituation im Werk Regenstauf.

In Deutschland verbleibt außerdem der strategische Vertrieb. Hier liegt insbesondere die Aufgabe der gedanklichen Durchdringung aller Verkaufsprobleme der Gruppe und die Betreuung der internationalen Großkunden. Auch die Grundlagenentwicklung erfolgt in Deutschland, die Variantenanpassungen werden überwiegend an den Standorten durchgeführt, in denen auch die Produktion erfolgt. Dadurch konnte die sehr hohe Kundenvarianz beibehalten werden. Für den Endkunden ist es nahezu unbedeutend, aus welchem Standort der Knott-Gruppe er seine Ware erhält, da das Qualitätsniveau gleich ist. Außerdem haben zwischenzeitlich auch eine Reihe der Kunden ihre eigene Fertigung von Westeuropa in ein osteuropäisches Land verlegt. Auf diese Art und Weise werden die Logistikströme stark vereinfacht und im Hinblick auf die Kosten weiter optimiert.

Im Ergebnis konnte aufgrund der durchgeführten Verlagerung die Kostensituation an die Preissituation angepasst werden. Zu bemerken ist, dass bei der Verlagerung kein zusätzliches Personal an den ausländischen Standorten benötigt wurde. Es kann mit einer Quote von etwa eins zu eins gerechnet werden, wobei die Motivation der osteuropäischen Mitarbeiter eher höher einzustufen ist als die in einem durchschnittlichen deutschen Werk. Zusatzkosten entstehen durch höhere Logistikkosten und eine etwas gestiegene Komplexität des Ablaufs. Insgesamt konnte der Lohnkostenvorteil in den osteuropäischen Standorten tatsächlich in einen echten Kostenvorteil verwandelt werden. Bei den verlagerten Produkten konnte somit trotz niedrigen Preisniveaus nach abgeschlossener Verlagerung eine Gewinnsituation in der gesamten Gruppe hergestellt werden.

Wachstum durch Kostenführerschaft

Der Kostengleichstand mit dem Marktführer ermöglichte das angestrebte Wachstum der Knott-Gruppe in den letzten Jahren und eine profitable Position. Der Kostenvorteil konnte zur Expansion des eigenen Marktanteils gegenüber der Nummer drei und einer ganzen Reihe von

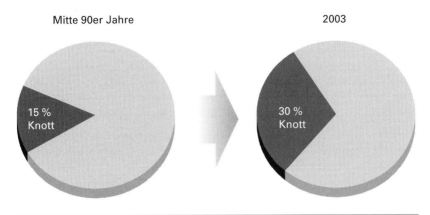

Abbildung 3: Marktposition vorher/nachher

kleineren Marktteilnehmern systematisch genutzt werden. Hierzu wurden potenzielle und bestehende Kunden durch den Vertrieb unter Ausnutzung der Kostenposition intensiv beworben. Preiszugeständnisse mussten gemacht werden, wodurch sich die Gewinnsituation für alle Marktteilnehmer verschlechtert hatte. Parallel hierzu wurde die Strategie der Kostenführerschaft durch die Produktion im osteuropäischen Niedriglohnland verfolgt. Von Vorteil war ebenfalls, dass durch die Gewinne von Marktanteilen die zu produzierenden Mengen kontinuierlich gestiegen sind. Das hat weitere Kostenvorteile eröffnet, die ebenfalls genutzt wurden. Hierfür waren geänderte Produktionsmethoden und Investitionen im Ausland notwendig.

Die Strategie ist der klassischen Vorgehensweise von Preiszugeständnissen in einem gesättigten Markt gefolgt, um Marktanteile zu gewinnen und Wachstum zu ermöglichen. Die notwendigen Kostensenkungsmaßnahmen wurden nicht vorher, sondern parallel betrieben. Insgesamt ist so für beide Seiten – die Knott-Gruppe und den Kunden – eine Win-Win-Situation entstanden. Von besonderer Wichtigkeit ist die Kontrolle der Produktionsressourcen im Ausland, da ein Fehlschlag der Produktionsverlagerung ins Ausland (schlechte Qualität, zu lange Anlaufkurve etc.) den Bestand der Gruppe insgesamt gefährdet hätte.

Im Ergebnis dieser Expansionsstrategie konnte der Marktanteil der Knott-Gruppe und damit die produzierten Mengen an Achsen und Auflaufeinrichtungen um mehr als 10 Prozentpunkte auf heute circa 25 Prozent ausgebaut werden. Im Laufe von insgesamt fünf Jahren wurde durch dieses Wachstum die Marktposition als Nummer zwei gefestigt und mittelfristig abgesichert. Zusätzlich hat sich durch die Verlagerung die Marktposition auf den jeweiligen Heimatmärkten in Osteuropa verbessert. Dies ist daher von großer Wichtigkeit, da in diesen Ländern bei Trailern ein Wachstum zu erwarten ist, an dem nun problemlos teilgenommen werden kann. Damit ist auch eine gute Basis für weitere Expansionen in die Länder Russland und Rumänien gelegt worden. Hier kann mit deutlichem Marktwachstum – wenngleich unter schwierigeren Marktbedingungen – gerechnet werden. Im Gegensatz dazu gelten die westeuropäischen Märkte als gesättigt.

Die Frage nach der zukünftigen Strategie ist insoweit beantwortet, als dass die Chancen – auf noch nicht bedienten Märkten – für weiteres Wachstum genutzt werden können. In den bestehenden Märkten liegt zukünftig die Aufgabe darin, die erreichte Wettbewerbsposition abzusichern und profitabel zu gestalten. Die Notwendigkeit, Wachstum zwingend zu erreichen, um genügend große Mengenvolumina für „Economies of Scale" darzustellen, besteht heute nicht mehr, da das erreichte Produktionsvolumen mittlerweile ausreicht, um geeignete Skaleneffekte darzustellen.

Zusammenfassend kann gesagt werden, dass die Erfolgsfaktoren für diesen gewählten Weg des Wachstums mit Kostenführerschaft durch Auslandsverlagerung in den folgenden Punkten liegen:

- sichere Beherrschung der Produktion im Ausland,
- stabile Kundenbeziehungen,
- professionelles Herunterfahren der Produktion in Deutschland und
- gute Steuerung des Gesamtprozesses in der Gruppe.

Die Knott-Gruppe hat diese Faktoren erfolgreich implementiert.

Literatur

Barro, Robert J. / Sala-i-Martin, Xavier (2003): Economic Growth, 2nd Edition, Cambridge

Boutellier, Roman / Wagner, Stephan M. / Wehrli, Hans Peter (Hrsg.) (2003): Handbuch Beschaffung – Strategien – Methoden – Umsetzung, Aarau

Christensen, Clayton M. / Raynor, Michael E. (2004): Marktorientierte Innovation, Frankfurt

Eucken, Walter (1953): Grundsätze der Wirtschaftspolitik, Reinbek

Getz, Gary / Hamel, Gary (2004): Erfindungen in Zeiten der Sparsamkeit, in Harvard Businessmanager, Heft 11, S. 10–26

Goldratt, Eliyahu M. (1990): Theory of Constraints, Great Barrington MA

Günter, Bernd / Helm, Sabrine (Hrsg.) (2003): Kundenwert, 2. Auflage, Stuttgart

Hamel, Winfried / Gemünden, Hans G. (Hrsg.) (2001): Außergewöhnliche Entscheidungen, München

Havard Business Review (1998): Strategies for Growth, Harvard

Hauk, Bernd (2000): Fabrik der Zukunft – Fertigung im Dialog, in: Maschinenmarkt, Heft 42, S. 15–18

Hauk, Bernd (Hrsg.) (1998): Wie Unternehmen erfolgreich reorganisieren, Frankfurt

Heininger, Yvonne / Straubhaar, Thomas (2004): Ökonomik der Reform, Zürich

Horváth & Partners (Hrsg.) (2005): Studie „Anreizsysteme" 2004 – Ergebnisbericht, Stuttgart

Jung, Ralf Paul (2002): Der Mitarbeiter als Erfolgsfaktor für Gießereibetriebe, in: Gießerei, Heft 12, S. 41–46

Kaplan, Robert S. / Norton, David P. (2004) Strategy Maps, Harvard

Kaplan, Robert S. / Norton, David P. (1996): The Balanced Scorecard, Harvard

Kromphardt, Jürgen (1993): Wachstum und Konjunktur, Göttingen

Leipziger, Jürgen W. (2003): Konzepte entwickeln, Frankfurt

Marshall, Alfred (1920): Principles of Economics, London

Meadows, Donella H. / Meadows, Dennis / Randers, Jorgen (2004): The Limits to Growth: The 30-Year Update, White River

Osterloh, Margit / Frost, Jetta (2003): Prozessmanagement als Kernkompetenz, München

Pande, Peter S. / Neumann, Robert P. / Cavanagh, Roland R. (2000): The Six Sigma Way, New York

Pfohl, Hans Christian / Hauk, Bernd / Koldau, Alexander (2001): Status und Entwicklung von Supply Chain Management in der verarbeitenden Industrie, in: Industrie Management, Heft 5, S. 14–18

Rother, Mike / Shook, John (2000): Sehen lernen: mit Wertstromdesign die Wertschöpfung erhöhen und Verschwendung beseitigen, Stuttgart

Schüller, Alfred; Thieme, H. Jörg (Hrsg.) (2002): Ordnungsprobleme der Weltwirtschaft, Stuttgart

Schwertner, Kerstin (2002): Leistungsorientierte Vergütung für tarifvertraglich Beschäftigte, Aachen

Schneid, Lothar (2001): Weniger in ERP-Systeme, mehr in die Prozessgestaltung investieren, in: Zeitschrift für Produktionsplanung und Steuerung, Heft 6, S. 1–4

Seeger, Adrian / Steps, Florian / Ehrenberg, Frank (2004): Effiziente Dienstleistungsbeschaffung in anlagenintensiven Industrien, in: Beschaffung Aktuell, Heft 11, S. 34–36

Seeger, Adrian / Kiepen, Axel / Ehrenberg, Frank (2003): Performance Measurement in der Beschaffung, in: Beschaffung Aktuell, Heft 11, 2003, S. 43–46

Seeger, Adrian / Schneid, Lothar (2003): Strategische Lieferantenoptimierung mit Methode, in: Beschaffung Aktuell, Heft 6, 2003, S. 30–33

Sinn, Hans Werner (1981): The Theory of Exhaustible Resources, in: Zeitschrift für Nationalökonomie 41, S.183–192

Suzaki, Kiyoshi (1989): Modernes Management im Produktionsbetrieb: Strategien, Techniken, Fallbeispiele, München / Wien 1989

TOP (Hrsg.) (2001): Fabrik der Zukunft, Frankfurt

Wildemann, Horst (Hrsg.) (2004): Die Zukunft des Wachstums, München

Die Herausgeber / Die Autoren

Die Herausgeber

Bernd Hauk

Bernd Hauk, Dipl.-Wirtsch.-Ing., ist geschäftsführender Gesellschafter der intra-Unternehmensberatung GmbH, Düsseldorf, und seit 1983 als Managementberater für Industrieunternehmen in den Beratungsfeldern Unternehmensentwicklung, Innovationsmanagement und Geschäftsprozessoptimierung tätig.

Ralf Paul Jung

Ralf Paul Jung, Dr., ist Partner der intra-Unternehmensberatung GmbH, Düsseldorf. Seine Branchenschwerpunkte liegen im Bereich der Automobil- und Zulieferindustrie in den Kompetenzfeldern Anlaufmanagement und Production Excellence.

Adrian Seeger

Adrian Seeger, Dr., ist Partner der intra-Unternehmensberatung GmbH, Düsseldorf. Seine Beratungsschwerpunkte liegen im Bereich Strategie- und Prozessmanagement mit dem Fokus auf Auf- und Ausbau von Wachstumspotenzialen durch Optimierung der Supply Chain in den Branchen Industrie und Services.

Die Autoren

Wilfried Budke

Wilfried Budke, Dipl.-Ing., Dipl.-Wirtsch.-Ing., ist geschäftsführender Gesellschafter der intra-Unternehmensberatung, Düsseldorf. Seit 27 Jahren berät er Unternehmen der Automobil- und Automobilzuliefererindustrie in den Bereichen Strategie und Prozessmanagement.

Rolf Bulander

Rolf Bulander, Dr.-Ing., startete seine berufliche Entwicklung im Bosch-Konzern. Seit 2003 ist er Geschäftsführer der ZF Lenksysteme GmbH in Schwäbisch Gmünd. Er verantwortet die Querschnittsfunktion Fertigung sowie das Geschäftsfeld PKW-Lenkungen.

Karl Erhardt

Karl Erhardt, Dipl.-Ing. (FH), leitet den technischen Service der Carl Zeiss Industriellen Messtechnik GmbH, dessen Auf- und Ausbau er maßgeblich verantwortet.

Harald Göbl

Harald Göbl, Dipl.-Wirtsch.-Ing., ist Partner der intra-Unternehmensberatung GmbH, Düsseldorf. Seine Beratungsschwerpunkte liegen im Bereich des Beschaffungsmanagements und der Geschäftsprozessoptimierung in der Industrie.

Oliver Göbl

Oliver Göbl, Dipl.-Wirtsch.-Ing., ist Partner der intra-Unternehmensberatung GmbH, Düsseldorf. Seine Beratungsschwerpunkte liegen im Bereich Geschäftsprozessoptimierung und Turnaround-Management mit Banken in der Industrie.

Christoph A. Grieser

Christoph A. Grieser, Dipl. Ing. (FH), MBA, ist Produktmanager technischer Service international bei der Carl Zeiss Industrielle Messtechnik GmbH. Seit 2002 verantwortet er den Aufbau des Produktmanagements für den technischen Service. Zuvor war er in der Geräteentwicklung bei der Carl Zeiss Industriellen Messtechnik GmbH tätig.

Hans-Georg Härter

Hans-Georg Härter ist Vorsitzender des Vorstandes der ZF Sachs AG, Schweinfurt. Zuvor leitete er als technischer Geschäftsführer und später als Vorsitzender der Geschäftsführung die ZF Passau GmbH.

Egbert Hartmann

Egbert E. Hartmann, Dipl.-Ing., ist geschäftsführender Gesellschafter der intra-Unternehmensberatung GmbH, Düsseldorf, und seit 1986 als Managementberater für Industrieunternehmen in den Beratungsfeldern Strategie, Turnaround-Management, Unternehmensentwicklung und Geschäftsprozessoptimierung tätig.

Axel Kiepen

Axel Kiepen, Dipl.-Ing., Dipl.-Wirtsch.-Ing., leitet den Bereich Materialwirtschaft bei den Hüttenwerken Krupp Mannesmann GmbH, Duisburg. Nach Tätigkeiten im Fremdleistungscontrolling, dem Fremdleistungseinkauf und dem technischen Einkauf verantwortet Axel Kiepen heute ein Beschaffungsvolumen von circa 250 Millionen Euro pro Jahr. Sein Bereich umfasst rund 45 Mitarbeiter in Einkauf und Lagerwirtschaft.

Valentin Knott

Valentin Knott, Dipl.-Ing., ist Eigentümer der Knott-Unternehmensgruppe. Valentin Knott hat nach seinem Studium in Berlin 1973 die Leitung des elterlichen Unternehmens übernommen und dieses zu einer Unternehmensgruppe mit über 1.000 Mitarbeitern ausgebaut.

Ernst-Hermann Krog

Ernst-Hermann Krog, Dr. rer. pol., Dipl.-Kfm., ist seit 1980 im Volkswagen-Konzern tätig. Nach Leitung der Logistikplanung, Teilebeschaffung, Programmplanung sowie Konzernlogistik bei Volkswagen wechselte er 2001 als Leiter der Markenlogistik zur AUDI AG.

Ingo Kufferath

Ingo Kufferath, Dipl.-Ing., ist Vorstand und Mitgesellschafter der Gebrüder Kufferath AG, Düren. Er trat 1983 ins Unternehmen ein und ist seit 1986 gemeinsam mit seinem Bruder geschäftsführend tätig.

Andrea Lochmahr

Andrea Lochmahr, Dr. rer. pol., Dipl.-Kffr., ist seit acht Jahren bei der AUDI AG beschäftigt. Nach Entwicklung und Aufbau des Händlerentgeltsystems im Vertrieb ist sie derzeit neben diversen Supply-Chain-Management-Projekten als Projektleiterin Audi für das System eCAP zuständig.

Hildegard Müller

Hildegard Müller, Dipl.-Kffr., ist Mitglied des deutschen Bundestages und des Präsidiums der CDU Deutschlands. Im „Projekt Wachstum" der CDU vertritt sie die wettbewerbspolitischen Aspekte. Sie ist Abteilungsdirektorin bei der Dresdner Bank AG.

Lothar Schneid

Lothar Schneid, Dipl.-Wirtsch.-Ing., ist Partner der intra-Unternehmensberatung GmbH, Düsseldorf. Seine Kompetenzfelder liegen in den Bereichen Geschäftsprozessoptimierung und Supply-Chain-Management mit dem Branchenfokus Automobil- und Automobilzuliefererindustrie sowie Maschinenbau.

Axel Spies

Axel Spies, Dipl.-Wirtsch.-Inf., ist Partner der intra-Unternehmensberatung GmbH, Düsseldorf. Seine Beratungsschwerpunkte liegen in den Bereichen Geschäftsprozessoptimierung, Strategie- und Strukturgestaltungsmanagement sowie in den Kompetenzfeldern Anlaufmanagement und Production Excellence.

Susanne Theißen

Susanne Theißen, Dipl.-Psych., MBA, ist Assistentin der Geschäftsführung bei der Mannesmannröhren Logistic GmbH. Ihre Arbeitsschwerpunkte liegen in der Realisierung von C-Teile-Lösungen.

intra-Unternehmensberatung

> Je intensiver Wissen und Erfahrung aufeinander treffen,
> desto nachhaltiger wird Wachstum geschaffen.

Unser Einsatz führt dazu, die Ertragskraft und den Unternehmenswert unserer Kunden zu steigern und damit ihre Wettbewerbsfähigkeit langfristig zu sichern. Weil wir uns in ihre Situation hineinversetzen, kennen wir ihre individuellen Bedürfnisse und wissen, auf welche konkreten Projektziele wir hinarbeiten müssen. Unsere Realisierungs- und Nutzenkompetenz sowie das solide Preis-Leistungs-Verhältnis werden von unseren Kunden als echter strategischer Wettbewerbsvorteil verstanden und geschätzt.

intra ist inhabergeführt und kann alle daraus resultierenden Vorteile höchst persönlich und dauerhaft anbieten. Auf dieser Basis entsteht Vertrauen, das zu intensiven, dauerhaften Verbindungen führt. Verbindungen zwischen Menschen, die eine Brücke von der Gegenwart in die Zukunft bauen – und dabei wissen, worauf es wirklich ankommt.

> Die Erfolgreichen in der Wirtschaft sind jene, die den Blick auf das Wesentliche richten: das Ergebnis.

> Ein Anspruch, auf den wir uns seit mehr als 30 Jahren zentrieren und ausrichten - auf die Bedürfnisse und Ziele unserer Kunden.

Wer sind wir?

intra ist eine inhabergeführte Strategie- und Prozessberatung, die darauf spezialisiert ist, Veränderungen in Unternehmen nachhaltig zu realisieren. Wir beraten das Management in allen unternehmerischen Aufgabenstellungen und liefern ganzheitliche Lösungen.

Was tun wir?

Wir entwickeln innovative Konzepte und praxisnahe Lösungen, deren pragmatische Realisierung wir sicherstellen. Unsere Erfahrungsschwerpunkte liegen in Konzernen und mittelständischen Unternehmen von Industrie und Handel.

Wie unterscheiden wir uns?

Wir arbeiten grundsätzlich für unsere Kunden nutzen- und ergebnisorientiert und lassen uns auch daran messen. Die jahrzehntelange Beratungserfahrung und -kompetenz – insbesondere unserer Partner – ist ein einzigartiges Differenzierungsmerkmal im Wettbewerb.

Das ist es, worauf es wirklich ankommt.

www.intra-ub.de

Leseproben, Infos zu den Autoren ...

Kommunikations-Praxis

Herausgegeben von der KfW
(ehem. Deutsche Ausgleichsbank)
Marketing – So funktioniert's
Für Gründer und junge Unternehmer – mit Praxisbeispielen, Tipps und Checklisten

2003. 144 Seiten. Paperback. 20,90 € (D)*
ISBN 3-89843-081-2

Michael Behrens
Wie Unternehmer Reden schreiben
Geistreich und treffend formulieren

2004. 192 Seiten. Hardcover. 24,90 € (D)*
ISBN 3-934191-74-6

Hermann Simon Hg.
Strategie im Wettbewerb
50 handfeste Aussagen zur wirksamen Unternehmensführung

2003. 296 Seiten. Hardcover mit Schutzumschlag. 44,00 € (D)*
ISBN 3-89981-001-5

·Albert Thiele
Argumentieren unter Streß
Wie man unfaire Angriffe abwehrt

2004. 3. Aufl. 280 Seiten. Hardcover.
24,90 € (D)*
ISBN 3-89981-017-1

* zzgl. ca. 3,- € Versandkosten bei Einzelversand im Inland

www.fazbuch.de

Unternehmenskommunikation

Viola Falkenberg
Pressemitteilungen schreiben
Zielführend mit der Presse kommunizieren. Mit Checklisten und Übungen zur Kontrolle.
2004. 3., akt. Aufl. 232 Seiten. Paperback. 20,90 € (D)*
ISBN 3-927282-98-7

Hans-Peter Förster
Texten wie ein Profi
Ob 5-Minuten-Text oder überzeugende Kommunikationsstrategie – ein Buch für Einsteiger und Könner. Mit über 5000 Wort-Ideen zum Nachschlagen!
2004. 6. Aufl. 280 Seiten. Paperback. 25,90 € (D)*
ISBN 3-927282-90-1

Albert Thiele
Innovativ Präsentieren
Zielführende Konzepte entwickeln. Multimedia sinnvoll einsetzen. Mit „Streß-Fahrplan" und CD-ROM!
2000. 344 Seiten. Paperback. CD-ROM. 43,90 € (D)*
ISBN 3-927282-96-0

Viola Falkenberg
Interviews meistern
Ein Ratgeber für Führungskräfte, Öffentlichkeitsarbeiter und Medien-Laien.
1999. 260 Seiten. Paperback. 20,90 € (D)*
ISBN 3-927282-80-4

*zzgl. ca. 3,- € Versandkosten bei Einzelversand im Inland

Leseproben, Infos zu den Autoren ...

Tagtäglich werden die Brennpunkte aus Wirtschaft, Politik und Gesellschaft in der Frankfurter Allgemeinen Zeitung diskutiert. Frankfurter Allgemeine Buch greift die interessantesten und wichtigsten dieser Themen auf und vertieft diese in verschiedenen Verlagsreihen.

Als Wirtschaftsbuch-Verlag verstehen wir uns als Vermittler von Wissen für Fach- und Führungskräfte auf den Gebieten Wirtschaft, Kommunikation, Marketing. Wir unterstützen unsere Leser in der Professionalisierung ihrer fachspezifischen Instrumente (professional skills) und in der Weiterentwicklung ihrer ganz persönlichen Fähigkeiten (personal skills).

Kluge Köpfe wissen mehr!

www.fazbuch.de

Der Book-Shop mit vielen Büchern,
Leseproben und Autoreninformationen.

24 Stunden für Sie geöffnet!

Frankfurter Allgemeine Buch
IM F.A.Z.-INSTITUT